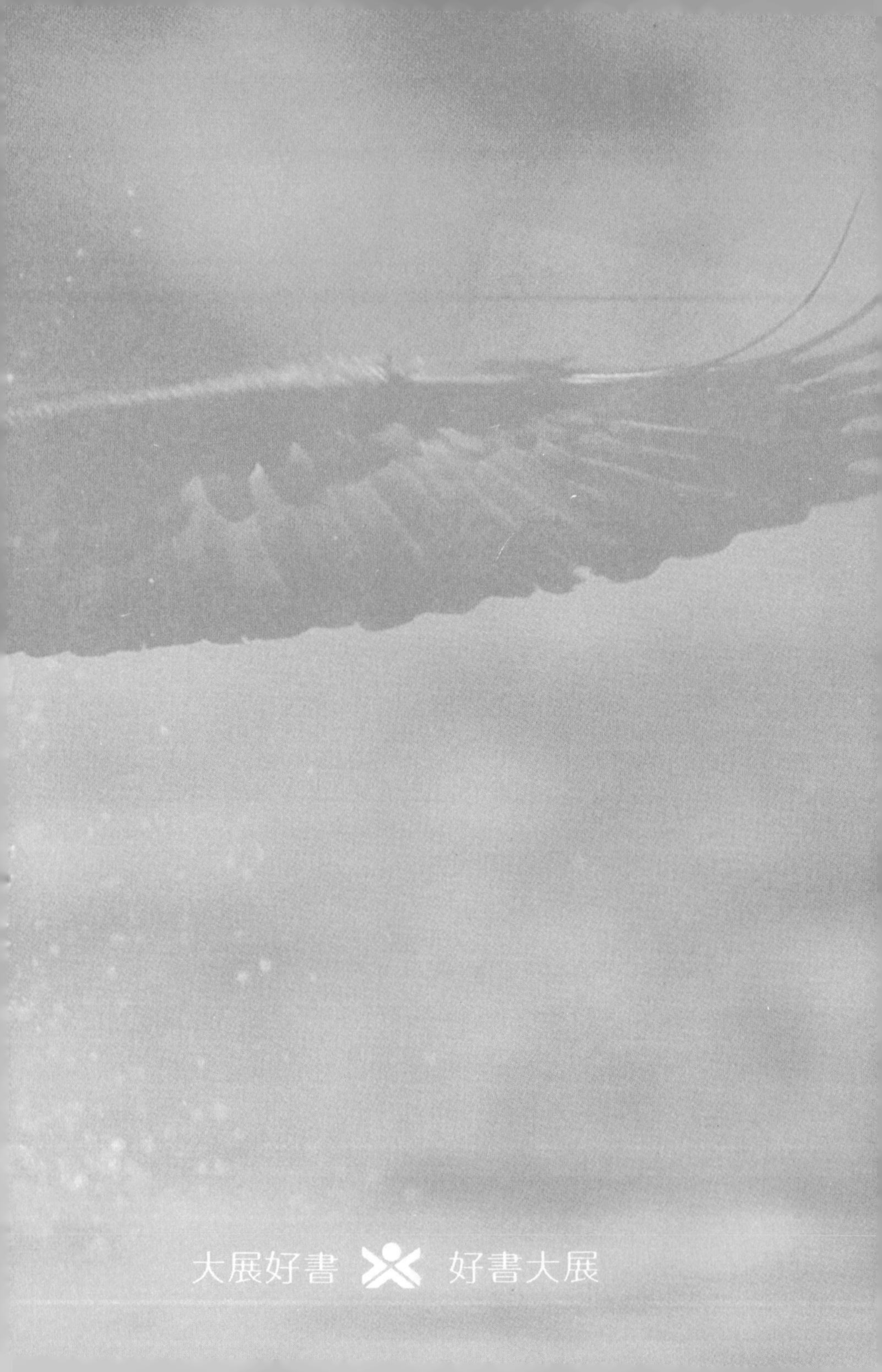
大展好書 好書大展

大展好書 好書大展

銀髮族智慧學 2

# 人生六十反年輕

多湖輝／著
林曉鐘／譯

大展出版社有限公司
DAH-JAAN PUBLISHING CO., LTD.

# 序言

想當年（十年前），我是五十七歲。人一老，想法和行動很容易變得消極。但又想，既然已近老年，不如將年齡「減少」，使年齡年年遞減，年年恢復年輕，有了這種逆轉的想法，那麼人生就完全不同。

我想我們在各種生活場面，若能儘量採用這種逆轉的想法，生活領域將為之開闊。擁有逆轉的生活方式，相信你就會了解，年歲遞增是多麼快樂的事。因為這種想法，於是我給這本書取名為『人生六十反年輕』。

現在的我對於我的年紀，一點也不覺得不安，因為我以每過一年我就年輕一歲的心情來生活。也許再過不久我就變成四十歲，高爾夫球桿數的目標也已實現。

看了現代的日本人，我想說，現在的年輕人看起來比老年人更像老人。為何有此一說，待我舉例說明，在電車上，或公車的博愛座上，有些年輕人大剌剌的坐著，絲毫無讓座之意，更無視於座前的老人。有時我一眼看出比我年長者，我即趕緊讓座，因為年輕人均厚顏不顧，這是不得已的方法。

這點暫且不談。人一老，尤其到了退休年紀，摘下頭銜的束縛，不必意識他人的眼光，或為了經濟問題，不得不工作等。從眼睛看不到的束縛中解放，正意味著精神與肉體都獲得了自由。人的老化另當別論，生理上雖老，但心情上、態度上，與行動的方法，都應儘量保持年輕。

但大多數的老年人，或許是過慣了被束縛的生活，獲得自由與解放，反而會變得不安呢！美國社會學家愛力希·伍隆在『從自由中逃走』一書中曾說：「人們一面希望獲得自由，而一旦獲得，卻又不知所措，逐漸感到恐懼，反而有想逃離自由的心理。」

的確，到了退休年齡，從以往的各種束縛、糾纏中獲得解放，瞬時為自己該何去何從感到遲疑。彷彿被拋進廣闊的大海，自己卻無法掌握小舟，終而顛覆。

為了避免這種情形，不能在退休之前，應該在三十歲、四十歲時預做準備，準備將來解開束縛時，不會感到困惑不前，那麼，我們必須準備什麼呢？那就是『身體』『儲蓄』『人脈』三大要件。

人生八十已是常事。今後的二十年、三十年該如何渡過？我認為「自己的生活，由自己來決定」。這意味著要『任性』的以為年歲越增加越年輕，這種逆轉的生活方式才是關鍵。或許有時變得『性情乖僻』『不拘泥年齡』，經常擔任『主角』嘗試『新的挑戰』等，你覺得如何？至於你，『再過十年』的你又是幾歲呢？

多湖　輝

# ●目錄●



## 1 為什麼那麼介意他人的眼光

## 2 「我的老年由我來決定」

# 3 「不合乎身分」的生活方法

## 4 勿計較「戶籍年齡」要以「機能年齡」來生活



## 5 「主角，無退休意識」是心的原動力

## 7 中老年人要胸懷大志

## 8　向著年輕時的夢挑戰

# 1

# 為什麼那麼介意他人的眼光

# 為自由生活建立「健康的身體」「儲蓄」「人脈」

我三年前從大學退休，但直至今日慢慢的感到「自由」是多麼美好的東西。也第一次感受到自由的生活是如此美妙。我在大學服務時，背負著國立大學教授的頭銜。做爲一個國家公務員有許多的限制，一旦這種頭銜消失，從種種的束縛，和義務中解放。以往不能說的，可以暢所欲言，以往想不到的創意，如今源源泉湧，真是有說不出的快樂。

於是我想，退休後的喜悅，不就是從社會的頭銜解放，能依照自己的意思自由生活，能夠自由的設計自己的人生嗎？絕對不是象徵寂寞的生活。以往一邊想著自己的將來，而種種的糾纏中所累積的辛苦，以退休爲界限，突然消失，因而感到心情爽朗，其實不足爲怪。

退休是自由的走向新的旅途，也是新的人生出發點。我所說的是我親身的感受。但對這種事情毫無所覺的人，是否還有很多呢？

只不過在出發時，首要的條件是健康。如果再多一點儲蓄，當然是再好不過了。而爲了過一個有意義的人生，人脈也是不可缺少的。這些東西，並非想要就能馬上獲得，越早做準備的心態很重要。另外目前四十歲左右的人，要從現在開始鍛鍊健康的身體，儲蓄金錢，建立種種人際關係，應該不會困難吧！

從年輕就開始未雨綢繆，考慮年老的事情，或許容易遭人逅病。但這並非只是年老的問題，而是一個人一生的計畫，和生活方式。如果要附加上所謂的「老後」或「餘生」詞句，這在我的辭典裡是找不到的。因爲有強烈的負面形象，好像要依靠他人生活一般，忽略了自己自發性的意義。我認爲人生沒有老後、餘生這兩種名詞。

## 回歸型生活方式之建言

在此先敘述所謂的生活款式。生活款式大別分爲兩種。

一種是直線型生活款式，這種方式是好像坐在一條軌道上，從學校畢業到社會服務，退休後享受餘生，是我們經常聽到，一般的平平凡凡的生活款式。

另外一種是回歸型生活款式，不分讀書、學習、工作，老後仍然一邊學習一邊賺錢，又一邊遊歷、一邊讀書，大方自在的過著自己的人生。

最近很多年輕人，也採取回歸型的生活款式。譬如工作一段時間，儲蓄了一些錢，爲

## 巧妙的老年生活法①

退休的準備越早越好

了充電而到國外旅遊。旅費用盡再回日本工作，再存錢、再旅遊，反覆的過著這種回歸型的生活方式。

這種自由奔放的生活，可說是回歸型生活方式的構想。但無法擺脫自古以來的傳統想法，無法從人生就是這樣的固定觀念束縛中解脫者，看來很難想出這種的生活方式。但是，如果想人生就只有一次，將想法轉換一下，實踐了這種回歸型生活款式，你會覺得比較快樂。只要想一想這種人生與以往的人生完全不同，你的心中也會充滿雀躍，與充滿魅力。

好幾年前，我曾經到過慕尼黑，造訪了修太那學院，校長突然對我說：「有一位來自日本的學生，你要不要見他？」當下我決定和他見面。原來那個人在日本是高中數學老師，據他說：他在四十九歲那年，回顧自己的人生，覺得如果在日本過一輩子，只會留下毫無意義的人生而已。思及此，於是利用自己拿手的德語，千里迢迢來到德國修太那大學，研究德國的教育。

我和他見面時，他到德國剛滿一年。據說生活費是將日本的房子出租，然後將房租所得寄來德國。當時房租每月三十萬圓，雖然並不豐厚，但因德國物價便宜，因此能和家人過著輕鬆無慮的生活。

而且他又喜歡音樂，會演奏大提琴。在他的周圍有時出現了「我會拉小提琴」「我會彈鋼琴」等的業餘音樂家，稱兄道弟的，不知不覺中有了音樂伙伴，這樣一來可以每個星期去欣賞音樂會，每個月去美術館瀏覽兩次。歐洲方面也可以用便宜的費用去旅行，增加了許多旅行同好，每天都過得很快樂。他用發亮的雙眼告訴我，來到德國之後，才知道能夠過著這麼美好、這麼充實的人生，已經不想再回日本了。在短短的一年裡，他已完全溶入了德國的生活裡。

這也可以算是一種回歸型的生活方式。四十九歲就完全放棄日本的羈絆，向著新的人生出發，你不覺得這種方法很棒嗎？

# 做喜歡的事、過喜歡的生活，是成熟年代的特權

我自從大學退休以來，每次見到以往熟識的友人，他們都異口同聲的說「你變年輕了」「很有活力」。而擔任現職的人，因工作的緊張與幹勁，而以爲保持了年輕，還能充分的想做自己想做的事。而現在也一定比較有新鮮感。以我親身之體驗，包含了頭銜、時間的拘束，和附屬於退休之物『離別』，事實上都會變成束縛的解放。

特別是在職中，從事自己喜歡的研究工作，與學生熱熱鬧鬧，以爲是很快樂，很充實的生活。但是入學測驗、教授會議、校內人事、學生運動對策等，違背了自己喜好之事，不能不感到厭煩。

總而言之，想從一切的紛擾中獲得解放，就不必去介意任何人，從事自己快樂的事情，這是退休帶來最大的恩惠，我至今仍心懷感謝之情。

以前曾在某雜誌看過，有人從事自己喜歡的陶藝，詡爲第二春，而過著活躍明朗的生活。由於企業界重新構築的風氣，出現了所謂早期希望退休的話題。五十三歲的S先生，開始時覺得這件事，好像與自己無關。但是公司的裁員計畫，對於S先生的心情，就如潑

了一盆冷水般。因爲已經提出對五十歲以上的職員，大量裁員的方案。於是S先生辭去職務後，心情才堅强起來。

退休後的人生應該如何渡過，我反覆的問自己。S先生有幾個選擇之路：第一是利用池坊準教授一級免證之插花藝術，想開辦插花教室；第二想利用擅長的英語，來開設補習班教授英語等，但是據説當中他最屬意的是陶藝。三十多歲時曾經學過陶藝，從此以後有一個心願，就是有一天想從事陶藝工作。

S先生在收集種種的資訊中，在書店看到一個在有田町，以有田燒來培養後繼者與技術者爲目的的縣立窯業大學。獲得了太太的首肯，現在舉家遷往有田町，想要有朝一日以陶藝立身。與十歲、二十歲的年輕人玩粘土、手拉坯等，每天過著這樣的生活。

當然，對日常生活的一切，可以自由自在，任意的過。但是在生活民生必要之事，與健康上的問題，不能隨心所欲的事仍然很多。而中老年齡，成熟年代的想法、方向與生活款式，我覺得這樣其實也不錯。想想長年爲了社會，爲了家庭盡心盡力的我們，在我們的第二個人生中，想做喜歡的事，做想做的事情的生活方式，被允許也是理所當然的。

像這樣一邊很愉快，一邊很有目的的生活，雖增加年齡，也能和「在職」生活有關連，實在很美妙，我給予相當的肯定。

## 人生第二春，以怪癖精神出發

對已經退休的人，或即將退休的人來說，這種想法具有極大轉變的意義。

但若稍微改變觀點的話，一切可認爲是新的邂逅的開始。有人說「相遇是離別的開始」「別離是相遇的開始」。「畢業」在英語的意思是Commenement（別離）。但同時又具有「出發」的意味。頭銜和地位的喪失，從另一個角度來看，也是獲得了自由。我自退休後，每每遇見舊識，他們總是說「你的精神很好」，顯然也是因自由而獲得。因此不要認爲退休是負面的，對自己不利的。轉變一個想法「別離是相遇的開始」，也就是凡事以正面的、樂觀的想法來思考，我想這是很重要的。

並不僅限於退休，在人生一切的場面裡，改變一下想法如何呢？明朗的心情將隨手可得，以我的場合來說，這種想法，是某種「怪癖」精神之意吧！並非「大家都做，所以我不做」，而是「大家都不做，我才做」。以「大家都不做，所以我才做」的精神，不論是讀書或者興趣，這一點有利之面意外的多。第一競爭對象少，只要稍微努力就能居冠。也因爲稀罕而引人注目。又因爲競爭率低，學習空檔多，價錢亦較便且。依這些條件來考量，四、五十歲者想學樂器，與其學鋼琴、小提琴，不如學習冷門的樂器比較理想。

請假也是如此，以不影響工作來做休閒活動，才不致於請假不易。先決定休假日，然後爲了不影響工作，可以重新訂定工作計畫表。前克萊斯勒總裁艾特卡先生斷言，無法充分訂定十天休假計畫的男人，怎麼能夠企畫幾億美元的建設計畫。的確沒錯，只要將構想轉變一下，事情就簡易可行了。

在連續假日裡，也可以發揮這種「怪癖」式的想法，到大家都不去的都市遊樂場看看。更能悠閒的度過假日，說不定會有新發現。

迎接退休年，也就是「企業人」轉變爲「社會人」，做爲真正的「社會人」的第一步，就是自覺做爲人生後半期之新鮮人。把以往的想法轉變一下，用「怪癖」的精神來做，你可以期待美好的感受。

## 六十歲以後，每年都會繼續年輕

「最近盛行長青登山行。一個登山者中午從山中小屋開始登山，走完六公里全程，就在當天黃昏六點時到達山頂。下山則是第二天的中午，從山頂出發，走完全相同的路線，

## 巧妙的老年生法②

經常要用逆轉想法思考

在當天午後三點，到達原來的山中小屋。那麼請問這位登山者，可不可能在和前日相同的時刻，經過同一個地點？」

這個問題是創造性啓發考試時常常出現的問題。如果是你，你的答案是什麼？

我自己也是一樣，年紀稍大後，個性反而急躁起來，想立刻找到答案，有時候遇到一點麻煩，就不想再思考。不過這樣也不見得不好，凡事不必太認真，但可以想想看，有没有比較簡單的方法。雖然看起來很麻煩，但稍微改變一下想法，事情就變成簡單多了，這也是年齡給予的智慧。

那麼回顧剛才的問題，如果只是想，一個人上山、下山的話，那麼這個問題就不易想出答案。但是上山和下山皆在中午出發，所以我們可以想，若是兩個人同時從山中小屋和山頂出發，不管何時到達目的，只要是走同一路線的話，一定會在某處擦身而過，也就是在同一時刻經過同一地點，這個「事實」即爲正確答案。

這種有彈性的想法，過去都認爲老年人頭腦僵化，不容易產生，這些根本是年輕人的天下。但不是我倚老賣老，其實人生的經驗和智慧，有時候是所謂的「老油條」才具有這種「要領」呢？說不定中老年人反而更佔優勢，算起來我還只是「菜鳥」，因此，我還是很敬佩這些經驗豐富的老前輩呢！

指導小提琴才藝教育聞名的鈴木鎮一先生，在六十歲時就宣布，從此以後年齡要以「遞減」來計算。果然後來每年生日就減少一歲，現在他自稱是三十歲的年輕人！大宅壯一先生在世時，我對他說：「你看起來很年輕」，他反駁道：「你不會對年輕人說，你很年輕吧！不要把我當做老人，對本來就年輕的人說你很年輕，根本就是廢話！」這樣責備了我。另外早就過了八十歲，以在街上傳道著名的臨濟宗僧侶松原泰道師，有人告訴他，他看起來像只有六十五歲左右，他很不高興的回答：「我看起來有那麼老嗎？」

卓別林也有個著名軼事。他近九十歲時，記者問他：「你最佳的傑作是什麼？」他回答說：「那還用說嗎？當然是我將來的創作。」

這些都是有關年齡的故事。都是名人「構想的轉變」，以年齡來說，他們講的話十分有理。過去人稱六十歲爲還曆，從某種意義上來說，是一種重新獲得年輕，獲得自由，謳歌第二者，返老還童的一種看法。因此在某個地方，將老人稱作「重返兒童」，說得眞是太好了。

## 發揮超越年輕的「中年能力」的方法

發明大王愛迪生說：「發明是靠一分的靈感，九十九分的流汗才能完成」，因爲是句名言，已爲衆所周知。所謂靈感即是創意。流汗則是表示「努力、努力」。偉大的發明和發現，看起來好像是天才性創意的產生。事實上那只是一小部分。大部分還是靠「踏實」的努力。這是愛迪生再三强調之處。

而我認爲中老年的人，應該用經驗來代替努力，因爲靈感是年輕人的專利，但能將靈感和創意提昇到更實際的「企畫」或「計畫」，還是必須仰賴有經驗，和專業累積的中老年的能力。

近年來由生涯規劃心理學（lifespan developmentee psychloy）等的研究發展，發現了有關中老年，各種能力之潛能，用這種成果爲前提，鳥取大學的椎名教授，寫了一本稱爲「男性四十一條龍」的書，對中老年的人來說，真是一本令人振奮的書。他以前也參加過我在千葉大學舉辦的講座。五十歲以後，依照自己的體驗，對中年以後能力的開發，做了各種的提案。

其中有些事例，頗值得介紹。

他和一些同事，或者鄰居組成了一支棒球隊。是一支年齡平均四十歲以上的所謂老頭球隊。這支球隊向年輕的球隊挑戰，那支學生球隊裡，還有參加過甲子園球賽的選手。正如大家所預料，老頭球隊，最初不敵年輕球隊。但後來經過接二連三的挑戰後，到現在情況已經大逆轉，最後以壓倒性的體力向年輕球隊展開攻擊，年輕球隊終於豎起了白旗。

爲何會如此呢?他說其實這是屬於「經驗」的勝利。當然棒球本身的經驗是有限，但在個別的專業領域，大半都累積有二十年或三十年的經驗。在戰術的運用方法，發揮了「中年能力」而超越了年輕人。

例如，對一定要擊中球的打者，採用迴避法，而處在危機之中則使用輕鬆法，或將計就計，還有有效的四壞球戰術，另外甚至有啦啦隊干擾法等等，經驗豐富的中年人，只要有獨特、剛烈的精神，是足以擊潰年輕球隊的。

不僅如此而已，椎名先生還説，雖然領域不同，而且是對中年人不利的運動，但他們利用了選擇一條道路前進的經驗，就能將能力增强到某一程度。一個人只要學習了一種「專門知識」，在其他領域也行得通。有這種體驗的中老年人，不管在任何方面經驗都要比年輕人來得豐富。靈活運用頭腦，就能在各種領域裡充分的發揮，這種能力正是中老年人的優點。

## 如何利用中老年的風格

提到運動能力，讓我想起棋藝九段的內藤國雄先生，據説他在過了四十歲之後，開始學習他頗感棘手的游泳運動。他小時候身體就十分孱弱，當了棋士之後，大都只用腦，幾乎很少活動身體。據説隨時都有住院的可能性。任何人都一樣，兒童時代棘手之事，在長大之後，會特意避免，敬而遠之。

但是內藤先生説「年輕時懶惰，喜歡過著不規則的生活，但年老反而會變成優點。」那是因爲有了決心之後，可能會做得比年輕的自己更好。

年輕時没有辦法達成的事，但靠著中老年處理事務的「經驗」或者剛烈的挑戰心，可

## 巧妙的老年生活法③

不要想用力量勝過年輕人

能馬上變成比年輕時更拿手的武器。這種腦筋活用法，也是中老年最得意的能力吧！

中老年人的創意，或者自由奔放的氣息，確實無法和年輕人較量。不過中老年的人，能把他們的創意，依照「經驗」的基準，在現實的社會通行無阻，這樣才可以算是中老年時代的精銳吧！例如，年輕人對流行的事物非常敏感，但要實現卻有各種限制，更簡單的說，不能實現的原因是，必須花費很多金錢，才能追得上流行。

關於這點我非常佩服中年人的應變能力。以前，我當講師時，曾經參加海洋大學某個單位的中年女性時裝活動。那次的活動，是乘坐豪華客輪，旅行到夏威夷。在船上聽演講，做討論，加深彼此的親睦。那艘船的外國乘客也很多，每天晚上都舉行舞會。問題是這些中年婦女，看起來好像準備不及，找不到適合豪華客輪的晚禮服。但她們最後還是堂堂皇皇的參加了派對。並且還獲得外國旅客的一致好評。你知道嗎？那時候她們穿著的是，日式浴衣呢！

這種服裝普遍的獲得外國男性的喝采，大家說：「好漂亮哦！」讚美聲此起彼落。那天夜裡參加的女性中，她們穿著的服裝價格最便宜，但卻最引人注目。「它」可能是在所準備的服裝中，考慮要如何對應這種場面的結果。雖然選擇了浴衣，但好像出奇制勝的優於年輕人的華麗晚宴服。這是中老年福至心靈，解決現實問題的一個典範。

剛才提到椎名先生的書，有效的整理介紹中年以後，容易成長的能力，和不容易成長的能力，在書中亦提到，擴散性思考是年輕人比較拿手，而收束性思考則中老年人比較優異。我們中老年齡的人，不必刻意假裝年輕，應該更注意中老年齡者才能發展的能力。要自由自在的發掘這種潛在的能力。在經營者團體聯合會等，正提倡所謂ageless，即不考慮年齡的工作崗位。以這種立場來想，相反的，應該更積極的檢討年齡的差異才是。

在創作方面，當然絕對比不上年輕人，但中老年齡者，也有優於年輕人之處。雖然如此，但若將一切混淆說：「怎麼可以輸給年輕人」，如此以相同的條件和年輕人競爭，可能會徒勞無功，所以應該更積極的探討年齡的差異，才能發揮中老年齡者的能力。

## 中老年才能做的「腦筋活用法」

前項敘述過所謂生涯規劃（lifespan developmentee psychloy））的論說已引起了普遍的注目。以前提到人類腦部發達的問題，大都是指從嬰兒期到少年期，頂多到青年期。但隨著人類壽命的延長，而延到青年期之後，甚至從中年以後，以人類能力發達的立場來看，這種研究也突然盛行了起來。

這種研究，對於集合在「現職生涯」旗下的我們，是非常可喜之事。事實上，最近這種研究，也經常可以遇到盛行的原因。

不久前，曾閱讀某本雜誌，裡面刊載著有關平均年齡四十幾歲的民間棒球隊的事情。民間棒球隊彷彿也有各種級別。這支球隊最初在東京北部，參加某一區的四軍聯盟比賽，在春秋大會上獲勝，繼續又在三軍、二軍獲勝。合計八回，共優勝了八次之多。後來才固定屬於一軍聯盟賽。

率領這支球隊的，是該隊的教練兼先發投手，據說今年五十八歲，真是令人吃驚。一般而言，五十八歲的人，是身心開始老化，要特別注意的年齡。年齡的障礙是無法克服，這是大家都知道的。但這位教練兼投手所率領的球隊，卻連續擊敗比自己兒子年輕的球隊。

五十八歲的領隊說，這是他的秘密。在體力、能力明顯佔優勢的年輕强棒，認爲有機會就要給老人還以顏色，因此很認真的揮棒，但是老人們很冷靜，用狡猾的迴避干擾法，也就是先用內角直球吊胃口，而最後才以外角變化球，讓對方揮棒落空，三振出局。

他以前喜歡用快速球正面攻擊，但現在他笑著說：「我現在是個『怪投』。」

棒球領域專業知識雖然不盡然了解，但可以明白說的是，年輕人的力量是不容忽視的部分。隊員的遞補，還有具有「力量」的儲備。

首先第一點，他所說的「怪投」所代表之含義爲何？擅於錙銖必較，還有老奸巨滑般的冷靜、狀況判斷正確、力道巧妙的分配等。稱之「怪投」，倒不如稱「獪投」更傳神。

總而言之，力量輸了，就用智慧取勝。體力被壓倒，就用大腦反彈。以力量競爭時，體力會不斷消耗，但使用智慧，頭腦會越來越靈巧。只要提高精神力和智慧，則年輕人比經驗豐富的中老年齡者更爲有利。

畢竟這是隊伍堅强的秘密，但有自知之明的中老年智囊團，把自己隊伍的位置加以定位，並將這種特性充分利用發揮。

切勿認爲對手年輕，也要逞強裝年輕，而忽視了自己的年齡。把這種年齡的特性加強，才能發揮能力，並做最大限度的開發，如此才是活用之途。

## 雖然有些逞強，但「人生分數」已逐漸提高

壁壘分明的年齡，明顯的存在於體育界。但是重視智慧，和精神領域的世界裡，中老年齡者能力的特性，是可以不斷的成長，並且可以活用的可能性應該也相當大。

在我們日常的生活中，打開這種能力特性，擴大自己的世界的例子不勝枚舉。例如，我的太太，過了五十歲才開始打高爾夫球，本來她的身材屬於瘦小型，當然不能像年輕女性打强而有力的高爾夫，但接受了一些運動功課後，每天拿著球桿揮上揮下，如今合乎她的能力特性繼續在練習中。揮桿技巧比我用球桿所描準的軌道更正確。如此一來，很奇怪的，我盡力揮桿似打不到的球，她可以打得又高又遠。

而重要的是，不論是打棒球，或者我太太的情形來說，對這點必須有充分的認識。現實即是現實，年齡到了某個程度，都要有接受它的必要。

認定這個事實後，最好能具有與年輕人交往的語言，能進入年輕人的世界，和他們有

共通的話題。或學習他們流行的歌，如此加以努力，我想應該是不錯的。反之，若看了年輕人就說：「那是與我們全然不同的世界」或「現在的年輕人是新新人類」，這樣固執的來分別，正表示你已經老了。

認清事實，充分了解自己，主要是做合乎自己能力特性的事，並注意那些事是否勉强，若無勉强，那就輕鬆的沉醉在那種快樂裡，長久下去吧！而對先前叙述過，關於棒球隊所以堅强不搖的秘密，我要再附加一點。

除了前述之外，自古云：「薑是老的辣」，所以中老年人更該使自己趨爲成長，不要與年輕人在相同的領域一競長短，應該以合於自己年齡的特有能力，在不勉强之中加以開發，才是真正具有「不輸給年輕人」之在職生活。

# 2

# 「我的老年由我來決定」

## 自己的人生不要讓他人指示

在毛姆的小說『人性枷鎖』中，曾提到波斯地毯的故事。波斯地毯的花色複雜交織，沒有一塊是相同的。於是毛姆將它比喻爲人生繪畫。要描繪什麼模樣，由他本人來決定。如果可在臨死之前，仔細看看自己所編織的花色圖案，希望它的主人，所描繪的是美麗的圖案。

的確一個人要如何生活，如何走出自己的路，是給予他本人最重要的課題。自己的人生不是別人的。因爲是自己的人生，所以要有自己的想法與做法，我想是理所當然的事。但是看了周遭的人，靠著別人的安排來過一生，著實讓我吃驚。

「我對公司奉獻良多，公司理應照顧我。」

「我繳了那麼多稅金，政府應該照顧我。」

有這種想法的人，我要說他的人生毫無幸福可言。由他人來安排自己的人生，不是真正的幸福。以毛姆波斯地毯的故事來說，花色圖案由他人來編織，難道在臨死之際，你能衷心說出「美麗」嗎？自己的人生道路，應該用自己的手來打開，除非花一輩子的時間去編織自己的作品，否則，如何能說是「美麗」呢！

自己的人生、自己的命運、自己的人格完全放棄，由他人來安排，直至結束一生，這種情形尤其以日本人爲多。高齡者的問題，是否應從這方面來扭轉思考呢？

一面强調生命的尊嚴與倫理，而無謂的延命治療，在醫學界卻一直進行著。對我來說，我覺得極無意義。

我不主張由醫師來決定生死，死亡應該按照自己的意志決定。我們人類無法選擇生，至少可以選擇死的方式吧！有生存的自由，理應也有死的自由，不是嗎？這是我個人的想法。或許能選擇死的自由，也可以說是過著積極的人生吧！

數年前，水江瀧子，因爲舉行生前葬禮，而引起轟動，造成話題。老實說，我以前也有類似的想法。以明朗的心情開一個告別會。在精神狀況尚佳之時，將曾經照顧自己的人，邀請到我的宴會來，就算是我的人生總決算吧！宴席費用我自己負擔，是對曾經照顧我的人的一種感謝之意。但所邀請的人，還是必須帶來紅包。如果當時我是窮困的，我會感謝領受。如果口袋裡有錢的話，我打算將它全數捐出去。

總而言之，那一天，我要和親密的人，喝酒、吃飯、快樂的交談。真的要到極樂世界時，誰也不用通知，只要親族的人隨侍在側，有一個簡單的儀式即可。

在人生某個階段看開一切，留給朋友一個好印象，說「那傢伙相當有趣」。這樣，即使立刻消失，應該也是人生最高境界。

## 退休，不是人生的退休

在歐美，一般將退休稱作「happy retire ment」認爲是在長久人生的後半輩子，一件最可喜的事。一旦退休時，本人迫不及待般地，以明朗的心情來迎接這一天。周遭的人均以羨慕的眼光來歡迎你。不像日本，退休含有晦暗的另一方面。

對退休有著不同的印象，那是因爲歐美的社會福利比日本充實許多。對退休的生活沒有不安感，而且產生無限的快樂。不僅如此，他們在年輕時，都有做生涯規劃，安排了自己想做的種種事情。

例如，專心於種植玫瑰花，想研究出新的品種。或參加美國高爾夫球巡迴賽，亦或學習日本話，探索東洋的神祕。個個站在各自的立場，以自己的興趣、志向來爲退休之後的生活作準備。

因此退休是喜悅的，絕不是悲傷。反之，日本人退休後，泰半迎接的最寂寞的歲月。

## 巧妙的老人生活法④

勿以爲「退休」即是人生的退休

那是因爲幾乎没有準備之故。因長年的習慣，早上一大早起來，卻發現没有自己的工作場所，而萌生寂寞感的人很多。有的人爲了打發時間，每天無目標的徘徊走動。

但是不用說，因爲没有心理準備，遭遇此處境乃理所當然。

以我的兄長來說，他充分了解，總有一天退休日都會來臨，於是在退休之前，將公司指派的車輛辭退，每天走路，坐電車到公司上班。因而退休之後，一點也不會感到寂寞，一點也不受到影響。

退休後的生活是否幸福，那是由本人的想法決定。四、五十歲時，應該爲退休做準備。不管做了多少準備，也能夠以明朗快樂的退休，改變陰暗的老年生活。

因此，若有心想要退休時，即應該一面儲蓄金錢，一面訂定退休後的計畫，模仿歐美的生活方式，你覺得如何呢？

## 不是「只剩」而是「還有」的想法

對於退休後的人生，沒有具備任何計畫的人，意外的多。不過，如果因此責備這些人錯誤，其實是無意義的。但這些人若能將想法轉換，退休後，一樣有明朗的人生。有句俗諺『事物是以看法決定的』。例如，看到半瓶水，有人說「只剩下一半」有人說「還有一半」，雖然意思相同，但想法就有很大的差異。正是人生「只剩下二十年」和「還有二十年」的差別。

總而言之，人老了之後，就會了解時間流動的快速，這種對未來的不安，使他的將來充滿晦澀的意象。一旦出現晦澀的意象，連其他的事，都會受到負面的影響，這樣一來心情就會顯得沮喪，身心俱疲，引致無法堅强起來。

因此就有轉換想法的必要了。有一個有名的故事，在此略作介紹。某一家皮鞋公司，爲了做南方島嶼的市場調查，派遣兩個職員前往該處。那座小島的居民大部分是赤腳走路，沒有一個人穿鞋，見到這種情形，調查員之一向公司作了以下的報告。

「沒有市場價值，銷售鞋子的可能性幾乎是零，因爲島民全無穿鞋的習慣。」

而另一位調查員則報告說

「有很不錯的市場遠景，若讓島民改變穿鞋的習慣，全島皆是顧客。」

一個人報告沒有市場價值，另一個人卻說大有潛力，這是同樣的情景，因爲看的人不同，而有不同思考方式的最佳例證。亦即年紀越長，越容易因爲對人生錯誤的了悟而採取消極態度。第一個調查員就是做這樣的報告。但這樣的話，就沒有進步的希望了。在這裡，應該學習另一位職員的積極想法才對。

因爲想法的轉變，也把事物的看法改變一個方向，要學習這種明朗的心理技術。每日的生活明朗，人生充滿快樂，社會也會顯得安詳。將「明日」寫做「明亮的日子」，並以實際的感覺來體會。

人到了六十歲，若將「只剩」的想法改變爲「還有」，心可以更有餘裕。只要一想到人生還有二十年的歲月，那麼想做的事便會不斷的湧現。

本來，策畫將來的事，本身就是一件快樂的事，更何況是對自己有益的事，那麼人生就會更快樂了。

## 擅於與時間交往，可以有玫瑰色的第二春

現在正值現職企業人的時代。時間的使用方法，與其說是獲得「生命」，不如說是爲了換取每日生活之糧食而「販賣時間」。以退休後再就業來說，如果只是爲了「販賣時間」來工作，不論精神或肉體均無任何利益。相反的，若只是漫然的將時間打發過去，生命就會像橡皮鬆弛的水龍頭，不斷的流失。

退休之後，還有二十年、三十年的人生，假如自滿於現狀，則必然對理想造成阻礙，說「自己並沒有特別希望之事」，說出這種話的人，越早痴呆，或許對他比較好吧！

在這裡，我想說的是，如何在「有限的人生」與時間交往。也就是懂得如何享受你的第二個人生。或埋首於自己的興趣，或三五好友飲酒高吭，在觥籌交錯裡將時間遺忘，於是，在不知不覺中，華星東起，夜色已沈，又是一天的終了。與客觀性的時間相比，因爲密度較高的緣故。

因此，如何製造時間，便取決於如何「與時間交往」。

關於這一點，法國哲學家柏格森說，時間的流程，能夠以密度的高低來表示。實際上

，時針所表示的時間，因人所用，密度（內容）亦或濃、或淡。當然，正如方才所言，如果隨時都是高密度，那麼人生就會比較充實。也就是說「感到快樂＝「快樂」＝充實的時間（擅於與時間交往）＝充實的人生」，這些並不是分別獨立的，而是整體的。

以中老年齡者，成熟者爲對象，用「會」和「不會」作爲測定標尺。再列舉出「與時間交往的方法」。這是以中老年齡者，成熟者爲對象所進行的，意識調查結果發現，「與時間交往的方法」越有自信的人，越具備有「對自己的人生，有明確的理想與想像」。

對「與時間交往的方法」沒有自信的人，對於如何打發自己的時間，感到十分困擾。這時候應具體的先把自己喜歡的東西找出來，或者思考在現在的生活條件中，可能會遭遇到什麼事情，才能過著比較有意義的生活。

另一方面，對「與時間交往」有自信的人，如「七十歲之前要攀登日本百嶽」或「以一年時間寫自傳」等，對自己的生活，做很清楚的描繪，再依照想像與時間努力付諸行動。

人類若專心從事於某一件事，具有強烈的自信，也可以影響一個人的全體生活。而使生活能過得精神充沛，多采多姿。總而言之，以中老年齡者，成熟年層來說，毫不諱言的，如何「與時間交往」，的確對生活有很大的影響。

## 思考力、創造力、行動力可以製造充實的人生

人類中，不論誰，與其過著平庸、無聊的日常生活，不如過著有創意、活潑的日子，這是大家都了解的事情。但退休之後，從一切的束縛中解放，雖然已是自由之身，但若沒有引發某種活動的話，不能說是得到真正的自由，與獲得「快樂」的生活。縱然已經退休，但仍繼續保持在職意識，過著充分有意義的生活款式。當然，更應該具有思考性的創造力，以及行動力。

隨著年齡的增加，知識也越來越豐富。但給予人活力的一連串的「力」，卻逐漸衰退，於是，長年培養的經驗與知識，反而會變成一種障礙。

像有些場合，須要向新事物挑戰，但常常會被舊的價值觀所牽絆。容易有「這個我辦不到」「這個我不喜歡」等傾向。無所事事、不會打發時間、虛度光陰，過一天算一天，無論如何都應該避免這種事情。

所謂「創造力」是指從思考湧出的創意提示，以具體的形式構成，整理的能力而言。但是以這種「創造力」來說，已喪失創造的「腦」，如像年輕時一般的甦醒，碰到新的想

像，感性的衝擊，一樣會實現創造性的生活。

首先，在你感到迷惑時，先找出自己的興趣。把買來放著「略讀」過的書籍，再徹底的讀熟。甚至可以試著做自己喜歡的下酒菜。將起居室重新裝潢，或來個家庭大掃除等，不必拘泥什麼是「有意義的生活」「只要能做自己喜歡的事，就是人生最大的幸福」，希望能有許多建設性的想法。

第二、做快樂的事。精神上、身體上都會有「快樂」的感覺。一點點、小小的快樂，有時候會帶來資訊相遇的機會，而刺激到腦部，使得創造力也逐漸膨脹起來。不久膨脹的創造力，會使好奇心的範圍擴大起來。而誘導從事下一次行動的表現。因此，只要有喜歡的事，就能不惜任何辛勞，以努力熱情的心去嘗試。

第三、好好與「人」溝通。離開公司之後，從電視、雜誌等媒體得不到的資訊，會逐漸減少。這種狀況通稱「個人溝通」生活中所獲得的資訊，在一向不關心的程度，會有關心與興趣出現，通常這種情形很多。當然若沒有特別的人際關係也無妨。從朋友、或身邊親近的人開始做也可以。

「精神一到何事不成」── 指人類若從事自己熱心志願之事，什麼事都能有所成就。無論你年齡多大，自己的課題只能靠自己的力量才能完成。

## 夫婦間發現「他人部分」之驚訝與緊張

每次爲中老年齡者演講時，我都固定要説一件事，那就是，希望他們能學習歐美夫婦的生活款式。在英、美等歐美諸國的夫婦，雖然是夫婦，但卻擁有互相是獨立的異性，個人的領域，因此會留下一個「自我的空間」。

「文化不同，當然習慣會有所差異，雖然高齡者離婚事件少，但夫婦間仍要保持紳士淑女的平衡以及最佳的溝通。」

太太生日時，贈送一點小禮物。結婚紀念日，兩人稍做打扮，到預約的餐廳去享樂一番。夫婦間應該經常保持這種良好的關係。關於夫妻這種良好的關係，希望日本中老年齡夫婦，在日常生活中，也能具備這種的意識。

「現在仍然循規蹈距，真没意思」「爲什麼我要關心太太」「真難爲情，我辦不到」，大多數的人，只會「我啊我」的辯解。但到了退休年紀，正好踏入第二個人生，這時候才是建立夫婦新關係的最佳時機，這點必須認真去考慮。第一不能再賺錢的丈夫，就像洩氣的汽球一般，很快的，力量就軟弱下去。年紀一大，自己的立場會有變化，當然在家庭

## 巧妙的老年生活法⑤

夫婦間發現「他人的臉」

內的力量關係也會產生變化。丈夫被喻爲「沾溼的落葉」一般。從育兒的羈絆解放，家事的負擔減輕的婦人，開始有充實的生活力，正要享受其快樂的人生。日本的丈夫們，還在「我」「俺」實在需要大加檢討一番。

老實說，年老之後的生活方法，夫婦間的問題，基本上男性方面比較有問題。回顧以往日常生活中，只要太太不在，處處感到「不便」的人委實不少。說起來也許令人難以相信，太太若二、三天不在家，就找不到內衣，不會做飯、洗衣服感到麻煩，怨聲迭起，待太太回家後，對太太找碴，怒罵的丈夫也大有人在。

對丈夫來說，很容易將太太的存在，當做空氣般自然，彷彿可以永遠無限制的擁有，不必心懷感謝，甚至認爲這種服務也不可能突然停止。因此態度傲慢，對太太缺少關懷、體貼之心。

如果太太生病，或先去世，那麼該如何是好呢？這樣的事，不用問也知道答案。縱然有孩子來照顧你，但最後還是自己本身的問題。遇到這種狀況，在茫然若失，加速蒼老之前，先進行意識改革，不是很重要的事嗎？

純粹的夫婦生活，夫婦的關連，我認爲過了六十歲，才會確實的加强起來，我反省自己的想法與行動，有時也無法回應太太的期待，表現一個紳士應有的態度，因此，夫婦之間多少有點緊張感，似乎比較理想。

## 偶爾以具體的形式向太太表示感謝之心

雖然心中對太太有感謝之意，但沒有用具體的態度表示，是無法傳達的。反之，若勉强表示謝意也毫無意義。應以極其自然的方式，建立中老年夫妻良好的關係。

我並非要各位做大手筆之事，但是從日常生活中改變觀念，重新凝視彼此的生活環境，應該是可行的吧！

改變觀念才是中老年齡者，人生計畫的最大主題。亦即爲充實承諾的生活款式的標幟。對太太不要忘記懷著感謝的心情，親自熱切的領導夫妻的生活，可以創造夫妻美滿的生活，與下次行動力與活力的實現。

當然，能爲一點小事而高興，就可以過著意料不到的充實生活。例如，接近退休的企業人，對以往沒有興趣，而今以願意嘗試爲動機，過著美滿的第二個人生。下面介紹一個實例：

在大型製造公司服務的E先生，爲了即將離職感到不安。於是秘密的設計了退休後的人生大事。有一天在來往客户的要求下，參加了向來毫無興趣的活動。參加人數差不多十位左右，從中小企業董事長到公司職員，做不同業種交流的集會。E先生擅長高爾夫與麻將，但是想不到那是「男子走入廚房的集會」，這使E先生感到十分困惑。

一些喜歡喝酒，喜好美食的中年男性集合在一起。自己做菜，然後將菜肴端上桌，大家一起享用。參加人員秘密的在集合地（公寓）集合，穿上圍裙，一群中年男性興高采烈的在做菜。

自從和太太結婚後，幾乎從不在廚房出現的E先生，退休之前，有生以來爲第一次穿上圍裙感到難爲情。當然這件事他也沒有告訴太太。家族中也沒人想像他會去做菜，如果突然告訴家人，不知道他們做何反應，於是暫時的保持沉默。

然而每次的聚會，大家情緒都非常好，烹飪的樂趣馬上吸引了大家的焦點。每次都參加的E先生，雖然烹飪手藝並沒有馬上提高，但是家人不在時，他都偷偷的在廚房認真的學習做菜。那是因爲他的獨生女即將遠嫁，留下和家人最後的團聚日，E先生計畫做一點酒席來慶祝，當然也包含了對太太的感謝之心。

當他把這個計畫告訴太太時，他想不到平常懶散，從來沒做過菜的先生，會有這樣的舉動，雖然感到驚訝，但也欣然贊同。

E先生非常努力的做了很多菜，在家人團聚日上。太太和女兒感動萬分，淚眼盈眶的品嘗E先生一心一意爲家人所做的菜肴。女兒已出閣，本人也退休，據說現在每個週末，他獨特的菜單，都會呈現在飯桌上呢！雖然再就職，但可以掌握自己的時間，兩人偶而去看看電影，或者開車兜風，好像奉承太太一般，但E先生的朋友都說「你年輕許多了」，因爲他們正享受著快樂的退休生活。

夫妻締結婚姻關係，二十歲是「愛情」，三十歲是「努力」，四十是「忍耐」，到了五十歲就「達觀」，而六十歲就變成「感謝」了。有些夫妻雖然經常吵架，竟然也能相安無事，夫妻間表面上即使圓滿，但彼此若無感謝之心，就沒有辦法相敬如賓。

巧妙的老年生活法⑥

魅力演出，讓妻子迷戀

以後將會如何是不能預料的，但到了最後，八十歲、九十歲，彼此變成對方重要的拐杖，來互相支持，這才是夫妻之道。到了那個時候，孩子亦已年老，老實說，也沒有照顧父母的能力，最後要依靠的不是自己的丈夫就是太太了。

## 中年男子的魅力，讓太太愛戀不捨

那麼對太太而言，有魅力、有理想的男性，究竟是什麼典型呢？夫妻在長久的相處中，透過種種的遭遇，必然有許多的喜悅及感動。反之，平淡無奇，所有的不快、悲傷也凝聚在那裡。甚至有時候無法彼此忍受，對對方失望的情形也有吧！而今後的人生，也許也會迎接相同的局面。

然而夫妻關係的好壞，會對今後中老年時代的關係有所影響。認清周遭的情況，做一個善待太太的好丈夫，我想也可以是理想的中老年男性吧！我並非要各位做一個「獨裁的丈夫，硬拉太太陪你」也非要「對任性的太太所作所爲逆來順受」。

對自己或對太太來說，做一個有魅力的人，如果丈夫確行「中庸之道」，這樣的「中年男子」對太太來說，就是一個標準的、有魅力的男人了。

「做一個有魅力的男人」對太太來說，是夫妻擁有平衡的親密關係。在人生的旅途，會遭遇到許多狀況，以及快樂或是悲傷，而能打開多少坦途，端看夫妻的相互扶持。我想以在我周遭發生的事情，來引述一下。

有一對夫妻，丈夫四十歲、妻子三十歲時，唯一可愛的六歲女兒，因車禍而喪生。失去好不容易得到的孩子，那一對夫妻的悲傷自是不在話下。

精神上連續的痛苦，在事件發生後的半年，仍然無法平復。尤其是太太，更是跌入痛若的深淵，幾盡滅頂。雖然親朋好友溫馨的鼓勵與安慰，但一點也無法使她心情好轉，真令人擔心，她會因而罹患重病。

有一天，丈夫下定決心，向太太提出搬遷的主意。因爲本來上班交通就不太方便，加上想要改變環境，以免觸景傷情，因此心意極爲堅定。但是太太唯恐孩子找不到家可回，於是流著淚反對，況且充滿孩子回憶的家，怎可輕易搬遷呢？她甚至質問丈夫，是否已忘了可愛的女兒。

但丈夫認爲，與其沉緬在失去女兒的悲傷痛苦裡，不如積極的重建夫妻的生活。於是一意進行搬遷的計畫，從購買物品、到新家的設計、分期付款等的計畫不斷在進行。一開始不表贊成，而逐漸尋回活力的太太，也加入了忙碌的行列，本來一個人承當一切事宜的丈夫，因太太的投入，順利的完成搬家大事。

在背後爲他們加油的我，對夫妻兩人的牽絆深情感動不已。當然其中的迂迴曲折，更是不可言喻。但能深刻的了解當時的苦痛，以及解救自己，脫離那痛苦深淵的，只有他們自己，別無他人了。

因此可以說，彼此的關懷與真愛，才能帶給他們重生與生活的力量。

## 中年夫婦「愛情術」

男女結婚後，產生了夫妻關係。夫妻的結合，一開始是「喜歡」「愛上」的心理。但不久之後，就變成靜態的、肉體的表現而已。大半的情形，有了孩子之後，包括養育孩子，和經營家計，加强了夫婦間的關心，而埋首於以工作、孩子爲中心的家庭生活。於是夫妻關係日漸淡薄。

再過不久，孩子長大獨立，丈夫也接近退休之年。而夫婦間在精神上、肉體上做爲經營家計協力之結合，也逐漸開始產生變化。因此，將夫婦結合的「鈎扣」，那些只屬於二人的「歷史」，作爲建立相互的敬意與關懷吧！

要結合夫婦的人際關係，就必須建立尊重對方的心態，雖然心中了解，卻不敢表達出來，或是對重新改變態度感到不好意思的，也大有人在。但站在丈夫的立場，應以領導的角色對妻子表示敬意。經常將此意念放在腦裡，是代表眞正誠意的表現。

根據調查結果，「和這個人，今後能繼續相處嗎？」擁有這種的精神不安的，在中老年夫妻中，以妻子比較多見。

許多夫妻間的溝通，已經到達「必須想辦法」的地步。因此，至少在腦海中要有努力製造圓滿的夫妻關係，和「積極的溝通」這種觀念。

我一向和許多夫妻有相當親密的交往，對於這一點尤其有强烈的感受。因此，今後中老年的生活如要更充實，夫婦間的關係，就顯得相當的重要。其中，丈夫所要完成的角色，比我們想像的更大。必須把心理的、肉體的夫妻關係活性化，因爲這可能會成爲自己人生之活力泉源。

在人際關係中，是以「施與受」來建立圓滿的關係。基本上，我認爲最好能保持心情上的單行道。夫妻間也是一樣。所謂單行道，似乎表示著只有一方通行之意，但不要過度要求回報的關懷，才能自然地產生感謝的心情。

這不是自我犧牲，否定性的解釋。寧可說是自己要快樂的活下去，表露出希望自己的伴侶也能快樂的態度，正可以說是一種愛情術。做爲一個男人，對太太表示，她的魅力永遠存在，這是最大的「奉承太太」。

當然，這並非表示人年老後，自己就必須遷就太太，考慮她的行動，並加以接受之意。而是個人對個人，彼此互相尊重，並儘量保持平衡的關係。如此，人生即顯現出明朗、快樂，和豐富感。

## 人生終點站，你要乘坐什麼交通工具呢？

在百年前，南太平洋的薩摩亞人，有將老年人活埋的風俗。

這些老人，領悟死期將近，就告訴了親人，於是親戚朋友，村中老少都會聚集過來，準備祭拜儀式。然後喝酒、吃食，到了宴席終了時，在酋長的命令之下，掘一洞穴，將要到另一世界旅行之老者，長埋地下。

聽起來覺得很殘忍，但聽說要到另一個世界旅行的人，都是以快樂的表情，來接受活埋。我們的世界是有限的，而那個未知的世界卻是無限的。無限的生命在這世上最後的狀態仍繼續著，因此要以愉悅之心到那個世界去旅行；要以愉悅之姿度過無限的時間，有這種信仰之故。也因為具有此信仰，當可愛的孩子死去時，「那天真的模樣，永遠被大家所喜愛」，他的父母就從此死心了。

日本曾經有過，將老人拋棄山中的構想。我認為這是昇華至宗教境界的深遠智慧。執著於這個世界，不願死亡，和相信無限的世界；懷著希望到那個世界旅行，兩者實有很大的差異。

不執著於生命的延長，不怕死亡的人，反而能積極的過著快樂的人生。

如果把從東京到博多的路程，視為一個人的旅程，人生終點站在博多，那麼你要坐什麼交通工具到達？

你可以乘飛機，也可以坐新幹線，或轉幾趟車慢慢去，或開車去，或是騎自行車去，甚至還可以走路呢！人生是否能積極的渡過，便決定於你自己所選擇的方法。
最後都能到達同一個目的地，但因「方法」不同，這過程所得到的感受，也會成爲人生的喜悅或者悲傷。這是在六十歲以後的生活方式中，我們要強調的一點。我想應該可以開始思考了，不知閣下意下如何？

# 3

# 「不合乎身分」的生活方法

# 從「合乎身分」到「不合乎身分」的生活方法

有一句話「合乎身分」，關於這個名詞，我最近開始對之抱持疑問，並予重新思考，產生了不同於以往的看法。自古以來，所謂的「合乎身分」「懂得分寸」「了解分際」或者「知道自己的身分」等，被認爲是一種做人的美德。

我們一直被教導著，人應該了解，並遵守人之道。自己是這樣的人，只能做這樣的事。我的成就最多不過如此，過著合乎自己的生活就好。而這種想法是出自自己的意志，還是打從心裡的希望，更值得加以檢討。

根據『廣辭苑』中的說明「合乎身分」即爲「合乎能力的事情，或互相調和之事」。這「分」即爲身分的分、自己的地位。『廣辭苑』解釋爲「在全體中所占的位子」。也就是說，社會中有許多人住著，嚴守著自己的領域，沒有非分的要求，也沒有侵犯他人之意，在自己的領域中，規規矩矩的生活著，即是所謂的「合乎身分」。

然而仔細想，這個對於現代的爲政者、權力者，是一種太方便的想法。如此一來使用「合乎身分」之類的話的人，大多數以「了解自己的身分！」「注意自己的身分！」「你是什麼身分……竟敢……」等命令的語調責備口氣。精神修養的書籍，或學校的教師所教導的「理想的人格」，都是溫柔、體貼，富有反省、謙虛、不道人之短，對別人要求不多，懂得自己分際的「有人格的人」。

若人類都是這種人的話，那麼政府行政就太容易行使了。對於稍微狡猾的人來說，可以玩弄權勢，爲所欲爲。而那些被那些權力者及狡猾的人，巧妙的利用的人，也不會感到不滿。社會若教育出這種人，不會發現自己的不滿和不幸，那也是没有辦法。但無論如何，不能只做一個好好先生。

如果有機會到外國看看，你會發現在日本的社會中，這種人特別多，尤其是屬於「合乎身分的社會」。在一個集團裡，均被做如此的要求。從前，我在一所小學兼任校長時，就有被要求住在樸素的旅館，處處和小學生待遇相同，並做相同的事情的經驗。

「合乎身分的社會」中表露最明顯的，就是對於高齡者在社會中，產生的問題之對應。一言以蔽之，對應日本高齡者的對策是做一個「合乎身分」的人。老人對於社會貢獻少，因此要懂得自己的身分，了解自己的處境，而甘心接受現在的生活是爲當然之道。

例如，日本老人之家，入居單位，住「什麼床位」有一定的規定。可以搬運的行李，限定三個厚紙箱。如此一來，不要說是「老人身分」，簡直是「病人身分」。而在另一方面，瑞典、北歐諸國，規定的是「什麼房間」一人一室，如果是夫妻，各有夫妻的房間，自己用習慣的家具、床單等都能一起攜入。

如果要求我們要「合乎身分」，我們不必有遵從的想法。我認爲這個觀念是相當必要的。

## 「老年人的冷水」是不老的秘訣

對於老年人，不要强迫他要「合乎身分」。北歐的觀點則有三個原則。

當中有一點是，重視其生活的連續性。長年住在自己的家中，「應該儘量讓他繼續放置爲基礎」。在自己家照顧的基本，就算是要進入老人之家，也盡力布置一個類似的環境。不像在日本，儘管以往過得是錦衣玉食的生活，一旦住進老人之家，就將他送進「個床」（等級）的房間，此後他的生活形態，與以往就有一八〇度的轉變，在歐美絕不會有這種事。

第二點是，徹底重視本人的決定。看是否要住進老人之家，這完全是依本人之意來決定。當然飲食睡眠是人類最重要，當前的要求，也是遵從本人之意願。不會像日本，在管理上以方便爲規則。像醫院，肚子不餓，也要遵照時間吃飯，熄燈後，不想睡，也通通被趕上床。

第三個原則，是將其本人殘存的能力加以利用。也就是說不必過於照顧。在日本，對老人非常親切，如「很好吃哦，「啊」打開嘴巴」從吃飯到解開鞋帶等完全包辦，的確有將他們當做嬰兒般的看待的嫌疑。但在國外並沒有如此對待老人，雖然他們動作很慢，但全部自己做，克服只有睡覺，而不做任何事的習慣。

這有很大的不同，當然因爲歷史長遠，文化亦有差異。日本人遵守「合乎本分」也有其優點。尤其現在的日本老人，在當年日本辛苦的年代，都是靠他們支撐過來的。針對此點而言，應該對當今爲所欲爲的年輕人，要求他們「合乎本分」來生活。我認爲老年人，年輕時拼命努力，只因他到了年紀，就要求他改變生活，實爲不恰當之做法。

另外一方面，老年人，未到老年者，還有剛退休的人，要丟棄「合乎身分」的想怯，挺起胸膛，好好的生活下去才對。想到此點，必須以自己想要的生活來生活。保持這個原則是很重要的。這時或許會有一個瓶頸，這個瓶頸即爲「老人的冷水」亦謂自己刹車。千萬不要想「我這把年紀已是無用之人」或「我没有辦法做到」等等，有時候要以自己想要的生活來生活。

## 巧妙的老年生活法⑦

展開「不合乎身分」的行動

譬如，我正式打高爾夫球，是近六十歲的事，正是所謂的「花甲高爾夫」，我想從花甲之年開始，再打個十年、二十年吧！首先以100桿爲目標，接下來的目標設定爲95桿。即使是打網球，也是相同的道理。

重要的是把傳統「老年人」的意象丟棄。在人生只有五十歲、六十歲的時代，另當別論；現在的人生都已是八十年、九十年的時代了。因爲在生活之中承受各種刺激，所以大腦特別敏銳。進行知性、運動或技術的磨練，依然大有可爲。

實際上，爲了活用中高年齡者的大腦，我設立了「學習大獎」。其中不乏近六十歲才開始拿學位，到美國留學的人。

「不要認爲這已是我的餘生了」，要向

自己可能性挑戰。如果堅持以合乎身分的生活方式生活，又認爲那只是「潑老人冷水」，你的身和心就會越來越老化。

## 反用「負面」的構想法

有一次，漫不經心地在看報紙時，一個「爹老俱樂部」的字眼映入眼簾，詳細閱讀說明後，才知道，所謂「爹老」就是將「老爹」倒過來寫的。也初步了解，它是本部設在橫濱的一個俱樂部協會。一個希望男人們更關心地區活動，而設立的俱樂部。

事實上，很多人剛開始被稱呼「老爹」時，都是一陣遲疑。的確，二、三十年間過著從家裡到公司，往往返返的歲月，突然要他來「關心社區」而感到的遲疑是理所當然之事。大多數人的反應，大概都是「社區的問題讓我太太去做，你饒了我吧！」然而有了幾次集會經驗後，這個對社區無知的「公司人老爹」也逐漸的改變了觀念。因爲所謂的人材資訊庫研習會、活動之企畫、實施等，對於個中老手的企業人來說，只是駕輕就熟、理所當然的事情罷了。

逐漸覺醒的「爹老」們紛紛開始加入，使得「爹老俱樂部」能夠順利的開展。他們因爲對公司的了解，所以社區的問題也不陌生，這是將自己「負面」之處，反而加以利用之故。

想起來，在我中老年齡時代，有許多場合，都是將「負面」加以利用的情形。現在稍作簡述。我在大學任教時，學生的名字和學生的臉都無法連接，開始感受到記憶力逐漸衰退，起初不願承認這個事實，後來我改變了觀念，既然年紀大，不容易記住事物，那麼就採用不容易記住的方法吧！

於是將不易記住姓名之事，向學生坦白。但是令我吃驚的是，坦然向學生告白後，自己對名字增加印象的努力，卻與日俱增。大概以學生立場來說，不被老師記住名字，會感到有不利之處吧！

首先，找機會和學生拍照，相片背後寫上學生的名字，把它當作弊小抄，時常拿出來看。但想不到效果奇佳，在拍照之時，必然會與學生聊天、開開玩笑，只是這樣而已，就留下了相當深刻的印象。在記錄分數時，學生的臉，和學生的名字，已經能夠連接在一起了，現在想起來，這也是將「負面」反加利用的構想。

下面的例子或許比較極端。我有一個前輩，是曾經在千葉大學任教的盛永四郎教授。他在晚年時，因罹患柏金森氏症，只剩下左手的手指能動。然而他使用假名打字機一字一字的打，終於將梅芝加的「知覺的法則」大作翻譯完成。

以這位教授的例子來說，並沒有因爲「身體不聽使喚做不到」而死亡。反而以「還有一根食指，還是可以做到」的精神毅力來奮鬥，這樣的做法，也只是想法的轉換而已。

有太多的例子告訴我們，想法不同，人生也會隨之改變。這是美國的一個故事，因車禍而失去一隻腿的孩子，對著他的母親說：「我雖然失去一隻腿，但我還有另外一隻」，顯然也是想法的轉變。

我們不能認爲「我已經完了」，應該想「在可能的範圍還是有我能做的事」。將負面要因轉變爲正面的力量。

這種想法，對於中老年齡者，也應該相當適合吧！

## 沒有頭銜才能產生自由的想像與遊戲的生活

在心理學中有一種「過度補償」的想法。例如，在雅典有一位雄辯出名的政治家狄摩西尼斯，他小時候，患有嚴重的口吃。年幼即失怙，遺產被監護人侵占，爲了想取回遺產，想辦法和一般人說話，才開始學習說話。如此一來，不但矯正了原先的口吃，更學會比

## 巧妙的老年生活法⑧

勿將不擅長之事，放置不管

一般人更擅於雄辯，簡直可以以辯才無礙來形容。想辦法彌補自己不足之處，想不到反而更爲優越。這就是心理學上之「過度補償」的想法。

這種理論在奧地利精神分析學者阿德勒身上，也得到了印證。阿德勒在孩提時，爲自卑感而深感煩惱。後來爲了逃避這種痛苦，決心研究這種自卑感，而成爲精神分析鼻祖佛洛依德的高徒，並留下來修正其師之理論，獲得了很大的成就。

像這般，不是改變自己人生很大的問題，在我們日常生活中，將這種負面轉變成正面的場合，可以說非常多。以前，我曾聽過評論家，草柳大藏先生說過這麼一席話。

「成人們說，對於最近年輕人，過分避

免到所謂三K（kitsi 辛苦、kitanai 污穢、kiken 危險）的場所工作，實在令人氣憤。年輕人應該忍受這樣的工作場所。但是許多企業爲了奉承年輕人，拼命製造減少三K的工作場所。更令人平增無限悲嘆。但是沒有三K的工作環境，對老年人來說，是很舒適的工作場所。對體力日漸衰退的中高年齡者，讓他不會感到自己年齡漸大，不適工作。不正是今後中高年齡者，對於高齡化社會的要求嗎！」

討厭三K的年輕人，不能不與其配合的社會，令人十分悲嘆。但時代的趨勢，並不能輕易改變。因此寧可過這種形態，找出積極的意義。草柳先生這種想法，也是將負面加以利用的構想轉換。

尤其對中老年齡者來說，種種負面的要因逐漸增加。如對退休，沒有名片感到寂寞的人也有。但我耳聞一種現象，現在很多人可以自由的製作自己的名片，根本不必在意頭銜。前人事院總裁内海倫先生，從現職退休後，製造了沒有頭銜的名片。他說「我現在是個沒有職業的自由身，也是天下的浪人。沒有頭銜的名片，看來更像個大人物」說完，孩子般淘氣的笑了起來。

的確，我到現在見過各界的大人物，而沒有頭銜的名片確實也不少。反之，自己隨便設立「日本××公司」，然後自己附上董事長的頭銜的人也有。像這樣因爲有自由之身，才能享受人生的遊戲，可以將退休的負面反過來轉變的材料，應該有很多吧！

## 你有幾個年輕朋友呢？

年老即表示沒有頭銜。以頭銜交往的人，已統統不存在。孩子已獨立成家。家中只剩下老夫老妻二人。也許只剩下一個孤單老人也說不一定。這時龐大的孤獨襲擊過來，令人難以招架。

但是到了某年齡，應該可以預測到老年將面臨的孤獨感。如何準備迎接是必須考慮的問題。

在我的場合，我是儘量增加朋友，關於交朋友，這點到現在仍然繼續進行著，譬如整個家庭所交往的朋友，一生中的知己，一起遊戲的朋友、工作上來往的朋友等等，各種類型的朋友交織在一起。

朋友可以安慰孤獨的我們，給予我們明日的希望與活力。和朋友在一起，總是感到非常快樂。

因此我打高爾夫球，許多什麼運動交誼會、△會等我都參加，和大家一起歡樂。然而從朋友中又可以互相介紹，認識新的朋友，在不知不覺中，擴大了朋友圈，就好像地瓜的藤蔓一樣，一個接一個的形成。

朋友越多，人生的閱歷就越豐富。來往的朋友多的話，也比較不會有寂寞、無聊、或厭世感。

許多孤獨的老人，大概是因爲没有預測到會有這種狀況的來臨，而没有積極的製造朋友之故吧！然而不用太悲觀的認爲「現在已没有辦法再結交朋友了」，其實現在也不遲，積極的尋找朋友，挑戰看看吧！

經常到了傍晚，在附近公園的角落，看到許多帶著狗出來散步的人，在那裡聚集。而狗是他們講話的主題。聚集在那裡的人，有中年女性、年輕的太太，也有小學生，還有少老的男性，包含的範圍相當廣。

並不一定要帶著狗，才能在他們的談話圈出現。很自然的走過去說「你的小狗好可愛」「是什麼種的狗？」這樣和他們寒暄就可以了。一邊散步，繞了幾圈，不知不覺就熟稔起來，而變成了朋友。

對圍棋有興趣的人，可以到街上圍棋社，去殺個幾盤也可以，那裡也有很多同伴。像這種同好，雖然是初見面，但是只要下個一盤，就能很熟稔了。因此與其擔心交不到朋友，不如去做做看，尤其是具有同樣嗜好者，要成爲朋友，那就更容易了。

像這樣，結交朋友的機會，處處都有。如果自己積極些，可以很容易找到朋友。朋友一個不如二個，二個不如三個，越多越好。經常只和舊朋友交往，你的世界就無法擴大。

## 避免和年輕人交往，不僅「人」而已，「年輕」也溜走

到了某種年齡，會覺得與年輕人說話毫無意義。認爲「與他們無法溝通」而有逃避和年輕人說話的傾向。

但是連胡扯，也講不通嗎？我絕不這樣想，我認爲這是自己把障礙貼上，沒有具備一種心情，去聆聽年輕人的心聲而已。

因爲年紀大，容易有倚老賣老的錯覺，又喜歡教訓人，如果你向年輕人說教，他們是非常討厭而不接受的。和你見面時，只是點個頭，答非所問，就趕緊逃之夭夭。因此，如果你生氣的說「現在的年輕人不懂事」，對年輕人也不太公平。

恢復年輕的秘訣，就是和年輕人交往。有人說，如果你想恢復年輕，要丟棄不可讓年

## 巧妙的老年生活法⑨

擴大朋友範圍

輕人看扁的心理。並坦誠的踏入年輕人的中心。忘記過去的身分地位，對年輕人切勿存有偏見，也不要拘泥自己的年紀。

日本職業高爾夫球第一把交椅，是知名的福井覺治的兒子福井康雄。他是培養倉本昌弘、三上法夫職業高爾夫高手的教練，因爲成績優良而聞名。很遺憾的，三年前以七十七高齡去世。

這位福井先生，在臨死之前，還精神抖擻的在教導高爾夫功課。問他年輕的秘訣爲何？他經常如此回答：

「我常常到百貨公司的化妝品專櫃，和美容師打招呼，在那裡的都是年輕漂亮的女孩子。又有很香的味道。偶爾請她們吃飯，或送點小禮物，大家都很開心，我也很快樂，這是我保持年輕的秘訣。」

這種方法真令人佩服，我也想模仿一下。

## 意識他人的眼光，身心不易老化

有一天坐電車時，在博愛座的前面，有兩個年齡相當的男士站立著，爲了一個空位，彼此推讓，其中一人說：「你先站在這邊的，你先坐吧！」另一人說：「我還不到那個年齡還是你先坐吧！」結果，最先說話的那個男士坐了下來。「我還不到那個年齡」，這句話，深深打動我的心。

那麼那位男士到底幾歲？按照我看起來像六十歲，或許已超過六十歲也說不定。但是那位男士穿著相當體面的西裝，講話聲音很宏亮「我還不到那個年齡」這句話，讓人感到「我還沒蒼老到要人讓座的地步，我還年輕呢！」那種毅然的態度。讓座讓自己感到不愉快的意識，在兩人的對話中表露無遺。

大概這位男士，在擁擠的電車上，與自己的意思相悖，被迫站在博愛座前面之故吧！我想平常他一定不會站在那個位置，不然也不會發出這種不愉快的聲音了。

我坐電車時，也儘量不接近博愛座的前面，因爲我若站在博愛座前面，或許有人會讓坐，並且讓別人這麼想像，我自己也會感到不愉快，因此我儘量坐其他的空位。這種博愛座，是給殘障、老弱坐的位置，我自己覺得，我還沒有那個資格，因此我平常都坐在普通座。

坐在博愛座，而認爲理所當然的人，是自己認爲已經到了那種年齡之故吧！達到那種年齡，也是年老之意。很奇怪的是，坐在博愛座的人，的確令人感到年老了。

因此是否坐博愛座，視自己存在意識來決定。這個意識境界，在於你具有何種意識形成蒼老，和保持年輕心態之差異。

我有一位長輩，第一次坐電車，就有人讓座給他，可是他卻覺得很沮喪。尚且讓座的人還說：「老爺爺，您請坐」使他更受打擊。於是他研究其中原因，可能因爲感到有點疲勞，而看起來顯得精神不濟的原故吧！

在此，最重要的是，他經常意識到他人的眼光。自己的態度與行動，別人是以何種眼光來看，難不難看，步伐是否有龍鐘老態。又若坐在博愛座，別人會不會想「那麼年輕爲什麼坐那裡？」等一直檢討自己，我想這都是保持年輕的秘訣吧！

大概在四年前吧！在某高爾夫球場，看到歌手藤山一郎，他穿著燈籠褲，戴著鴨舌帽，背脊伸直，保持著唱歌的姿勢，非常瀟灑的在草地上闊步行走。並且以清暢的聲音，快樂的談笑著，看起來一點都不像老年人，一開始我還以爲我認錯人了呢！

不管是服裝也好，活潑的動作也好，甚至打球的姿態也好，看起來都比實際上的年齡顯得年輕，並且予人瀟灑的高爾夫印象。做爲日本的代表歌手，或許是衆人矚目的焦點之故，即使打高爾夫，對自己的打扮也相當的注意。

像這樣，意識別人的眼光，爲了想表現自己最好的一面，想表現年輕的一面，於是經常注意自己的姿態和打扮，我想這是防止老化最大的秘訣，不知各位看法如何？

## 用不著博愛座，用氣魄向年輕人誇示

不知道是幸或不幸，我坐電車，從未有讓年輕人讓座的經驗。當然這是表示我還年輕，反過來，也可以說現在的年輕人，非常老態。這也難怪，現在六十歲的我，一年比一年年輕起來。若是現在的年輕人再過十年看起來卻像是六十歲。那些二十歲的年輕人，又再過五年之後，不就像七十歲了嗎？

比起那些被「年老」者讓位的人，雖然已有了年歲，但故意不坐博愛座的人，實在有資格向年輕人誇示了。

以前在讀賣新聞寫過一篇專欄，主題是「老人文化學」。

「我現年六十五歲，有時候坐電車，卻不得不讓座。

看到年紀比我大的人時，我當然馬上站起來讓座。有時候看看周圍有沒有人會讓座，但是有些年輕人，都當做沒看到一般，不得已我只好讓位。但是覺得很奇怪，爲什麼年輕人都不讓座呢？

雖然有各種原因，但簡單的說，是他們根本沒有關懷老人溫柔的心。

人口密集的都市，因形勢而發展爲小家庭比較多。年輕人根本沒有機會看到自己的父母，孝養祖父母的樣子。在此之前，可以說沒有和老年人生活的經驗。

對這種年輕人，要求他對老年人有關懷的心，說不定是不可能的事。因此像這樣設置博愛座，只是被年輕人佔據，然後不雅的叉開大腿看漫畫而已。

聽過在英國，這種狀態也差不多。只是和國內不同，是他們很快的有所對應。

譬如他們將兒童帶到養老院，一整天讓他們照顧老人，或讓兒童們有機會聽老人說話。據說有一所學校，已經把這種訪問，編入公民教育的課程。我認爲這種對策，可能變成樹立高齡化社會的支柱。不知大家有什麼意見。」

總而言之，只是對年輕人的行為大做批判，他表示自己已經相當老了。因此與其抱怨，不如擁有不輸給像老年人的年輕人之行動力。

# 4

# 勿計較「戶籍年齡」要以「機能年齡」來生活

## 用「機能年齡」生活，所以不顯老

以前是大衆媒體的重鎮，爲我們提供各種話題的故大宅壯一先生，他本人亦有各種值得一提之軼事。在他在世時，他自已有機會和他見了幾次面。每次都讓我感覺獲益良多。有一次我對大宅先生說「先生，你看起來好年輕」沒想到他很嚴厲的責備我。

如果是一般人，你告訴他「你看起來很年輕」，他一定會很高興。但大宅先生的情形不同，他不高興的理由相當有趣。

「你不會對年輕人說，『你很年輕』吧！你認爲我是老年人，才說我年輕。你當我是老人卻又說我年輕。我不是老年人，我確實是年輕。」

他說得很有道理，聽了他的話，我感到非常佩服。同時也深深領悟，不能對老年人隨便說「你看起來很年輕」總而言之，大宅先生是非凡之輩。

據某專家說，人類的「户籍年齡」與「機能年齡」之間有相當的差距。所謂户籍年齡是指文字上，從出生年月日計算的年齡。而機能年齡則是指身體上、精神上的年齡而言。

這兩種年齡，在年輕時代相距不遠，但是隨著户籍年齡的增加，就會和機能年齡之間，逐漸有了差距。例如户籍年齡是四十五歲，機能年齡就是在三十九～五十一歲之間，中間有十二歲的差距。但到了六十五歲時，就從五十七～七十三歲，差距變成十六歲。到了七十五歲時，機能年齡下限是六十六歲，上限是八十四歲，足足有十八歲之多的差距。

我的户籍年齡是六十七歲。年輕的話，身體是保持五十七歲的狀況。而有的人已變成七十三歲的老年人身體了。我的機能年齡到底是幾歲，雖然不是很清楚，但希望至少比户籍年齡年輕。

在美國，據說企業在錄用考試時，不可問對方的年齡，這個規定，不但使用於女性，男性亦相同。和人種差別、男女差別一樣，在美國也禁止使用年齡差別待遇。

雖然户籍年齡很年輕，但有的人看起來特別老成。有的人雖然户籍年齡大，但機能年齡卻很年輕。所以人的能力與户籍年齡並無太大的關係，這也表示在美國，他們早已洞悉這種事情了。

大宅用他敏銳的洞察力，洞悉了這一點，大宅的機能年齡一定比户籍年齡年輕許多。

## 必須放棄「老年」印象

## 巧妙的老年生活法⑩

不要在乎年齡

前不久，看電視時，看到一位五十多歲的男子，連續四十週以上，參加馬拉松比賽，在大會出場時，引起了大衆的注意。這個人的機能年齡相當年輕，看了畫面上的臉和身體，這時根本無法和他的户籍年齡一起想像。

另外，也曾在雜誌上看過一則報導。以前是演員，現在擔任模特兒的佐伯秀男，雖然現在已經是八十一歲了，但據說從四十年前開始到現在，一直持續著做健身運動。甚至公開他超過一〇〇公分的胸圍，以及健美的肌肉。

我們對老年人的印象，一般是走著緩慢的步伐，在公園散步，或者玩慢速壘球，絕不會做比較激烈的運動，也可以說，這種老年人比較多。

但是有些老年人，拒絕加入老年人的世界。熱心的、拼命的鍛鍊身體，想獲得明日强壯的活力。因爲身體硬朗的話，心情自然開朗。反之，有的人雖然年紀很輕，但體弱多病，思想變得很悲觀，不管任何事，行動變得很消極。

當然，我們不可能要求老年人，從現在開始做劇烈的運動。如果這麼做，反而會傷害到身體。如果早上起來，聽收音機做體操，做到這個程度就可以。雖然只單獨做這種運動，但對身體的健康有很大的幫助。但是應該儘量到户外去，儘量呼吸早上新鮮的空氣。呼吸新鮮的空氣，心情也會清爽起來，更會產生當天的幹勁來。

有一個名叫倉重清久的人，他是按照年齡數來打高爾夫球，他擁有年齡桿數的日本記錄。雖然已經八十多歲，但因爲每天運動的關係，身體變得非常柔軟，據説在地板做伏地挺身時，胸部能貼在地上。

爲了維持他柔軟的身體，每天熱心練習高爾夫的技術，直至今日還是平均七十多桿，看了這種老手，委實令我臣服。

我非常佩服他們所做的事情。看到自己想做的事情時，絕不要想「怎麼辦」。要在思考前採取行動是最重要的。所以切勿爲了六十歲的退休而氣餒。

# 巧妙增加年齡的方法

在電視上看到影評家淀川長治先生，我經常很感動。他是一九〇九出生，到現在已不算年輕，但卻有像少年、幼兒般天真無邪的神態。

幾年前，在報上看過記者訪問他的報導。他一開口就說「我非常喜歡滿月的時候，因爲連屋子的中央，也會映入柔和的光線。然後我就裸著身體，在屋內跑來跑去，感覺到生命的躍動與生命的寶貴。」

雖然他講這些話時輕描淡寫，但是這種極具衝擊性的寒暄，可能讓記者大吃一驚。

他每天必說之語，可能就是這句「生命的寶貴」，而且擺出享受「生命是可喜」的態度。也竭盡全力的想讓別人感覺出。據說他在解說電影之前，總是和工作人員熱鬧的開玩笑，以製造出「活潑的氣氛，充沛的精神，明朗的臉」。而且在攝影之前，一定要喝光一杯水。他說「我對各位說，這杯水是臨終含的水。以表示今天是最後一次的講話，因此是竭誠認真的在做這個工作」。然後連說三次。

我發現他在談話中，經常提到的是「認真、認真、認真」，令我覺得非常有趣。在電影解說的最後，說「再見、再見、再見」是他的註册商標。爲了想盡量享受「生命喜悅」的寶貴。只說「認真！認真」或「再見！再見」還不夠，至少還要再叮嚀一次，讓人確實感覺他由衷的熱情。

與專心投入電影成爲「戀人」，是從少年時代就開始的。當然覺得連學校的功課，也沒有興趣，覺得是浪費時間，因而不能好好用功，專心讀書。最後他還說「因爲喜歡，無法自拔」，如此一步也不退讓。甚至反而勸老師去看所謂的好電影。結果老師看了電影也相當感動，竟正式允許我一個月有一次的電影欣賞日。

竭盡心力生活在美麗燦爛的一瞬間，是淀川先生生活的方式。讓人深深感受其盡心力品味唯一的人生，而永不後悔的果斷，純潔的心。

淀川先生的情況，能在少年時代，就有幸邂逅了所謂電影這個情人，是個特例。但是爲了享受「生命的寶貴」，在退休的現在，也絕對不遲。

首先要在設計自己的人生軌道上有目標。例如，我的外甥，想去歐洲看歌劇。出發的時候穿著舊衣服，而且也住在最便宜的旅館，一切從簡。但是要去欣賞歌劇的晚上，他就穿上正式華麗的服裝去參加。因爲他的目的是欣賞歌劇，其他的事情，只要維持起碼的水準就可以。

對於老年生活的規畫，應該和這種情形，有異曲同工之妙。你人生的最後旅程，想要在醫院的單人房消磨的話，那麼你須要有相當的儲蓄。而有的人爲改建房子，而努力存款。如果有人願意照顧自己老後的生活，就把財產留給他，這種事在外國屢見不鮮。因此對自己老後的人生設計，應該有明確的目標，這是巧妙增加年齡的方法之一。

## 要擁有對年齡無差之觀念

自我的人生設計完成之後，就必須要向外宣佈「我要完成××事」或「我要這樣的生活」，這樣的告白稱爲「宣言效果」。因爲已對外宣佈，爲了顏面一定要完成，而成爲一種鼓舞自己的效果。

如此一來，自然會產生一種挑戰意識，譬如擔任司儀的逸見政孝先生，他宣佈自己罹患了癌症，這種勇敢堅强的宣言，在某方面可說是想獲得宣言的效果。

不違背年齡，但也不被年齡所束縛，這一點也是很重要的。喻意要順從自然，但對事務則要樂觀，儘量去利用歲月累積的經驗。很多老年人，都認爲年紀大後，就會對異性不感興趣，但爲了能夠擁有巧妙的老年生活，對異性的關心也是重點之一。

我們必須放棄一些既有的成見，譬如，認爲老年人是這樣、年輕人是那樣、上班族是這般、女性應該這樣，大學教授是如何、政治家是那樣等等，這種既有的觀念，在無差別時代已是行不通了。用一個比較極端的例子來說，認爲政治家是清白廉潔的話，就會大感失望，而且大學教授也不是整天在研究室裡研究，也必須做各種活動等，用過去的基準已經是不能測定，這個社會是否脫序。

這種現象在某方面來說是好的。表示大家都能擁有自由，也從年齡的束縛中獲得解放。甚至連年齡、性別和一切事務都沒有什麼差別。認爲「自己已經六十歲了，再也沒辦法改變」和這種話是完全無關，但，如果按照過去的標準，來測定現在事務的話，只是會繼續老化而已，這也意味著否定現狀的重要性。意外的有新的發現，或產生新的手段的例子時有所見。而若在其中發現「生命的喜悅」，希望能巧妙的成爲成功的老年人。

## 年輕的服裝，能提起年輕的精神

說起來有點不好意思，在我老後規畫中，有一個唯一失敗之處，到底是什麼，能猜得到的，恐怕很少吧！那就是從年輕時，就不曾有使用化妝水的習慣。

女性即使年紀大了，但大部分皮膚仍很漂亮。可能是長久以來，都有做皮膚保養的關係，不但沒有皺紋且又充滿光澤。和同年齡的男性做比較，看起來可以年輕十歲或二十歲。參加同學會時，看起來比較老的，則大部分是男性，這種事讓人相當意外。

有這種感觸的我，就開始使用化妝水來保養皮膚，說也奇怪，皮膚的感覺，好像和以前不一樣，彷彿變得溫潤有彈性。

很多人上了年紀之後，對任何事都感到麻煩，不修鬍子，留下毛渣渣的樣子，頭髮也懶得理，很多老人變得邋邋遢遢，一副不修邊幅之態。認爲化妝水是女性專利，有這種頑固的思想者，只會繼續老化而已。雖然自己並不在乎，但在他人眼裡，你已老態龍鍾。所以爲了要保持年輕，這個問題還是須要考慮。

如前述，意識他人對自己的感覺，其實這點非常重要。在別人的眼光中你只是個「骯髒的老頭」自己總是會感到不愉快，於是有人理直氣壯的反駁說「因爲人老了，沒有辦法啊！」也有人想「既然如此，我就稍作打扮吧！」雖然每個人的反應均有不同。但在心情上帶著緊張，讓內心年輕化的則是後者。

所以我要對所有的老年人忠告「能夠看起來年輕的地方，儘盡量展示出來。如果染髮可以使之年輕的話，就必須染髮。每日必須修鬍子，也要常常到理髮廳去整理，嘗試用化

## 巧妙的老年生活法⑪

意識他人的眼光

妝水來保養皮膚」等，或許有人會覺得很麻煩，但千萬不要怕麻煩，要積極的做表面功夫，要不然就無法有任何進展了。

已故的職業高爾夫球高手，宮本留吉先生，年輕時，就周遊列國參加比賽，這是許多日本選手所欽羨的。在外國聽說吃了相當多的苦頭，而在精神上好像也受到了相當的限制。或許是壓力過大，因此回國後，出現了許多後遺症，頭髮、眉毛等全部脫落。雖然頭髮可以不去理它，但眉毛卻必須想辦法補救。

所以宮本就用女性所使用的眉筆，每天畫眉毛。雖然在遠處仍然看不出眉毛，但直至宮本逝世之前，他每天仍然繼續畫眉毛。

或許有人認爲「那麼老了，何須再裝飾

門面」，但宮本在意他人對他的眼光和感覺，而且可能也是他自己當作一種修飾，而繼續畫眉毛吧！

## 「鏡子」可以克服所謂的抑鬱

我到了六十歲時，買了一面全身的鏡子。買了之後有何用途呢？當然是每天站在鏡子前面照自己的姿勢囉！我並非有自戀狂、自我陶醉的人。每天照鏡子是要檢查自己的姿勢好不好看，或者今天穿的服裝是否整齊等。

年紀大之後，任何人都會爲健康感到不安，或爲將來的生活感到不安。而變得抑鬱難安之狀態。我覺得這種事是在所難免。但雖然說是難免之事，如果讓這種抑鬱繼續下去的話，就會變成無法控制自己了，所以要多加注意。要在抑鬱狀態變得嚴重之前，學習破壞抑鬱的生活技術，將它當做一種應對之策。

我個人的例子是，鏡子對我很有功效。站在鏡子面前，伸直背脊，有時候露出笑容，每天這樣的話，很奇怪的，心中產生一種不願讓別人看出自己逐漸龍鍾之態的氣魄。

而且我在情緒比較低落時，就選擇比平時華麗的服裝來穿著。服裝的效果是很大的，爲了華麗的衣著，心情也自然開朗起來。另外在街上行走時，抬頭挺胸，手腳大弧度的擺動，瀟灑快步地走，這種方法，也會將低落的情緒，改變爲明朗。而與他人交談時，音量也稍稍提高，這都是充分使用姿態的方法。

克服抑鬱狀態的方法，任何方式均可。只要能重建低落的情緒，什麼方式都無所謂。有一位著名的漫畫家，據說若工作陷入低潮時，就拿出以前儲存的畫稿，看著原畫，唸著咒語般「我是天才、我是天才」，這種方法也是一種很奇特的方法。

總而言之，老年人有時候對小事情也相當執著，雖然沒有必要，也會影響情緒。因此遇此狀況，若有馬上能轉換心情的方法，就不會加重狀況了。從現在開始，動動腦想一個屬於自己獨特的方法吧！

# 5

# 「主角，無退休意識」是心的原動力

## 自己要擁有「主角」的自覺

在我們的周遭，有讓人吃驚，健康、活力充沛的老人。政治家可能是其典型的代表。五十歲、六十歲，還是屬於「菜鳥」的世界。到了七十歲、八十歲才能算是成熟的人。雖然被批評爲「老賊」，但因派系關係，被推選爲集團的首領，而發揮其擅長之能力。由於皮膚色澤好，氣色也佳，看起來好像精力充沛。

並且，這些所謂的老闆總經理，行動非常活潑，如果到有名的高爾夫球場，就有機會遇到這種人。事實上，身體硬朗的話，打球不會輸給年輕人。我認識一位老闆總經理，今年九十歲，到現在仍然可以打十八洞。

「雖然身體很硬朗，但是這種年紀當社長，會不會感到吃力呢？」有人這樣問他。他回答說「不錯，是差不多要交給年輕人去經營了」，可是據說他所謂的「年輕人」已經是八十歲以上的人了。

這可不是笑話，是真實的故事。不過他們的精神都非常的好。

爲什麼這種人那麼有活力？是因爲相信「自己是主角」。甚至認爲「國家需要我」或

「因爲有我在，公司才會這麼平穩」等，因爲有這種想法，所以自然會產生活力，行動也活潑起來。

我常常出去旅行，以前都是按照旅行社的安排，和他人組團，一切聽從旅行社的安排。但現在已經退休，不想遵從他人的安排，於是自己安排行程。

實際上，這樣做覺得很有趣，並且有自己當主角的機會與感覺。所以近年來，出國旅行，我都按照自己的計畫實行。

況且，單獨一人去旅行，或找幾個人一起去，費用相當便宜。所以我就自己組團，並且詢問喜歡旅行的朋友，願不願意參加。用這種方法尋找伙伴，當然自己就變成團長了，帶著團員一起旅行，團長就是主角了。讓人覺得樂趣無窮。

當然，當團長爲了旅行增加樂趣，必須向團員介紹訪問地，或者尋找有樂趣之處。尋找樂趣竟然也是一種樂趣。

因爲看著「旅行指南」或者「說明書」，計畫路線怎麼走，或者參觀某處等等，看著看著，甚至忘了時間，因爲全神投入之故吧！結果旅行成功的完成。也因爲比旅行團旅行有趣多了，所以團員一定要再要求我安排下一次的旅行。到那時候又幹勁十足，精力百倍，組團後即可再度出發了。

## 巧妙的老年生活法⑫

感覺自己是「主角」

### 利用同學會的招待員，當「主角」

我讓自己當主角的機會，除了組團旅行之外，還有各種機會。當召開同學會的幹事，也是屬於主角，當高爾夫球賽的幹事，或召集朋友喝酒也是主角。

總而言之，當召集者的雜務很多，而且遇到不容易決定，吃力不討好的工作時，我都積極的毛遂自薦當召集人。雖然當中有辛苦之處，但××會順利舉行，並且成功的話，可以獲得朋友對你的信賴，以及提高個人評價。如此一來自己會產生自信心，並盡力爭取這種機會。

對消極的中高年齡者而言，會繼續產生

積極性的幹勁，當然，這樣熱心的工作，也是保持年輕的最大祕訣。

但是話說回來，不管做任何事，如果認爲「我是唯一有能力的人」，也會引起周遭人的反感。所以使用這種方法，也要有某程度的自制才行。只要注意這一點，就可以儘量推薦自己，努力獲得主角的地位。因此個性上比較怕麻煩的人，必須擁有這種想法是很重要的。

假設都沒有這種機會，也有只在精神上當主角的方法。這種方法也是使頭腦活性化的方法。所以在保持年輕這方面也頗具效果。例如，看電視轉播棒球比賽，自己支持的球隊，因爲教練指揮不當而輸球。遇到這種情形時，就把自己當做是教練一般，想「那時應該這樣指揮」或「那時候不應該採用强攻，應該要採取觸擊上壘」等，這樣用頭腦想出各種戰略。

我自己呢？雖然沒有人要我這麼做，但我會像村長、區長一般，考慮如何振興村、區的計畫。甚至連縣長選舉時，我也假設自己是兩方候選人的選舉參謀，想應該採用那一種選舉戰略才可以出奇制勝，對這些事，我都會相當認真的去考慮，這樣一來，就會變成一種很有趣的頭腦體操。

能當主角的話，任何角色都可以。當美國總統也可以，成爲某大公司的經理也很有趣，而且有時進入餐廳，迎面聞到的香味，中意的話，想想是怎麼製造出這種味道也無妨。

總而言之，從平時就把自己放在各種立場上做考慮，培養這種習慣的話，做事就會比較果斷，也會產生積極處理事務的態度。這種方法可以說是防止頭腦老化，保持年輕的特效藥。

## 一輩子想當教育的「現職」者

很遺憾的，政治家稻葉修先生已經過世。他在八十歲以後，也當過想說什麼就說什麼的直言者。在政治圈以外的領域也非常活躍。稻葉先生很早就對日本教育的現狀感到擔憂。於是按照自己所主張的「教養的憲法二十五條」撰寫了「這樣也能當父母嗎？」我參加了這本書出版紀念酒會。他長時期擔任橫綱審議會的委員職務。在出席者之中，按照他提出之憲法，教導貴之花，與若之花兄弟的師父（當時稱爲藤島師父）夫妻也在場。

稻葉先生致答辭時，用著炯炯有神的目光，介紹說，如果想檢討傳統日本教育的缺點，這位師父夫妻可以說是最好的典型。

稻葉先生在「這樣也能當父母嗎？」一書中，提出了「和爺爺學習」的說法，這點指

## 巧妙的老年生活法⑬

保持教育的「現職意識」

出老年人，在教育方面，扮演很重要的角色。關於這方面，對主張「生涯現職」的我，認爲是值得注意之處。他的主張我大致摘要如下：

「從教育的觀點來看，應該好好珍惜老人。年輕人不可能擁有老年人的經驗。但是任何老年人卻都曾經年輕。所以雖然看起來好像不可靠的老人，也可從他的經驗中，獲得所謂的人生生活智慧。不論是否能運用其智慧，但以言語表達，自己在不自覺中，雖然只坐在那裡，但也能散發這種智慧。」

因此「所謂家有一老如有一寶」。如果父母與子女住在一起的話，有時候丈夫的不滿，太太的焦慮會直接對著對方，或子女發洩情緒，可能會造成全家不寧，因此遇到這種情形時，如果家中有老人家在的話，那麼老人就可扮演一家的「緩衝器」角色。好像在葡萄酒箱裡的木屑填料，具有柔軟的保護作用，亦即因爲家中有老人在，瓶子和瓶子就不會相撞而破裂。」

「一般的父母，皆認爲老人家會寵愛孫子，其實這種事並無什麼大礙。以父母的立場來看，對子女的愛心，不只可愛而已，也混雜著責任或期待等各種感情。而老人對孫子只不過是一種可愛的感覺。既沒有希望他出人頭地，光宗耀祖，亦沒有期待他們來照顧自己回報自己，所以老人的愛心，其實是最單純的。」

稻葉先生也有孫子散居各處，他說去任何地方，都是寵愛他們而已。他說子女的教育，父母負責就可以。但孩子對無條件寵愛他的祖父母，會懷有感謝之心。同時自然會產生尊敬老人的智慧和想法。他這樣說後，又介紹在電視上看到的廣告，對話如下：

「我不敢反抗父親，父親不敢反抗爺爺，爺爺不敢反抗我。不過媽媽對任何人都採取强勢，所以我們是個和平的家庭。」

父親和子女、子女和祖父母，是一種剪、石頭、布的關係，而母親則像是一家的管理員。他把這種關係，當做理想的模範家庭。

巧妙的老年生活法⑭

利用經驗教導他人

## 利用經驗教導他人，就能繼續保持現職意識

稻葉先生的主張，就像上述一般。確實和他所言，老人在家中，有一種獨特的作用。而這種作用不僅在家庭而已，對社會而言，亦有相同作用。在心理學上，常常提到所謂的社會叔叔（Social uncle），不管有沒有血緣關係，比所謂的親子關係，距離稍遠的「叔叔」角色，會對兒童的成長，有很大的貢獻。當然，這號「叔叔」人物與祖父母亦無關係。

想起我們兒童時代，叔叔和祖父母，和我們共同擁有不可告訴父母的秘密之經驗。我有一個熟人，在他少年時代，祖父帶著他，瞞著父母帶著他到附近去爬山。祖父帶他去的地方，是父母禁足之處。因爲他們曾經在半途迷路了一段時間，家人以爲被綁架，或發生山難而造成大事件。不過這種經驗，讓孩子從父母的羽翼下自立，堅强的成長。

這種對「父母保密」的事件，所代表的即是孩子和老人的關係，可能就是稻葉先生所謂的「緩衝器」。爲了升學問題，父母經常臉上表情凝重。

事實上，孩子對自己最不安，但父母没有發現孩子不安之處。遇到這種情形，和祖父母輕鬆的談天，孩子就會比較寬心。

如此說來，正如稻葉先生所言，老人確實有他存在的必要性。也是所必須的大角色。所以人老時，千萬不要駝背，要挺起胸膛，勿顯老態。因爲有關教育這件事，老人家永遠是「現職」者。

對教育這件事，更積極思考的話，也可以利用過去的經驗教導他人。教導的範圍，任何事情都可以。爲了在工作學習專門領域之事，或爲了興趣研究之事，或特殊的技藝也可以。例如，領導鄰居孩子們，製造竹蜻蜓的方法也可以。要指導他人，自己本身也須要有相當的研究，如此一來，也會形成一種刺激，强力產生所謂的「現職」的强烈意識。

而起初雖然是以義工性質指導，但久而久之，也有獲得指導費的可能性。也會有助理出現，人際關係也會更擴大。在這種人際關係中，也會有發展新工作的可能性。如此一來，自然會產生現職意識。恐怕把自己是老人這回事都忘了呢！

## 為了擁有積極明朗的生活，須要「笑」的效用

這是相當久遠的事了，日本第一長壽，住在鹿兒島縣德之島的泉重千代先生。每年敬老節來臨時，就會對著記者們說一件相當有趣的事。他說，對接近一百一十歲的他，採訪記者經常問他「對女性還有興趣嗎？喜歡那種女性」，他總是回答「我自己有些任性，但我喜歡年紀比我大的女人」，引起哄堂大笑。

聽他天真無邪的回答，我想像一個一百一十歲的女性，到底會是什麼樣子呢？當時在日本，最長壽的是重千代，那麼全日本再也找不到比他年長的女性了。我覺得他好似一尊活佛一般，相當聰明，到了這種年齡，還有豐富的人性。而且精打細算，又有强烈的幽默感，與服務的精神。

對於「生存的意義」或「生命的價值」對這種嚴肅問題，他回答「一天一杯燒酒就是我的樂趣」。使我感到年老之人，不要完全没有生活的心得，活到像他那樣的年紀，連說

出來的話，都是與衆不同的，這是我當時的感覺，令人印象深刻，但我又產生了另一種疑問。

我在想，是不是活到這種年齡，就會變成這樣？或者說是因爲過這種生活，才獲得長壽。長壽的人，對人類來說有一種特殊的魅力，連重千代先生的幽默，恐怕也是長壽有所貢獻之處。但另一方面，經常能製造歡笑給別人，微笑著看著人生，有了這種餘裕的心情，確實也會給人帶來健康和長壽。

五十一歲就獲得王將位的棋士米長邦雄說，中高年齡者，爲了注意年齡、頭銜、成績、名譽等，而顯得比較容易蒼老。笑口常開的人，就不一樣了。

所謂能笑的狀態，是已經變成虛心（天真）的人，忘記了年齡，忘記了頭銜，就好像在佛前一般的純淨，所以保持自由自在的精神狀態是很重要的，我認爲這樣可以帶來明朗積極的生活，甚至也會帶來健康。

這是個有名的故事。以前被視爲宰相的前首相吉田茂元先生，雖然已是九十高齡，但看起來很健康，臉色也紅潤。所以當記者請教他養生之道「是否有特別的健康法？」吉田聽後回答「雖然無特別的方法，但我每天吃「人」過活」確實是一個目中無人的回答。經過長久的外交官生活，和從英國式的紳士精神，所產生的幽默精神，說不定真的是利用「

吃人」來攝取營養呢？

## 缺乏「笑素」，就不足以產生希望與美夢

有一句話說「福臨笑滿門」，這是說人就算是遇到危機，還是不要忘記笑，笑會把災禍趕走，帶來好運。那是因爲自己笑，而且也想製造歡笑給別人，雖然遭遇到很困難的狀況，也能用冷靜的、客觀的態度，來看事務和處理事務。那麼如此一來，事情就會呈現出樂觀的一面，以及有利的部分；而且最重要的是，要經常保持笑容。笑是生命的泉源，而且對健康絶對有幫助。

以前曾經看過一篇文章，是一位因交通事故而失去單腿的中年女性。家人和鄰居都非常恐慌，雖然常去探病，但都不知如何安慰她。

但她自己說：「没關係，我不會那麼輕易就死，因爲我還有一隻腳，所以不能當「鬼」出現（日本人認爲鬼没有腳）。孫子們來看她，她準備零用錢送給他們，幽默的說：「你們看！奶奶雖然没有腳，但有錢」（註：日語銀錢與腳同音），旁邊的人聽了都笑了起來。心情頓時都輕鬆了起來。這位奶奶的智慧和幽默，化解了家人心中的陰霾，這就是笑

## 巧妙的老年生活法⑮

經常以笑臉生活

所帶來的效果。這種例子真令人欽佩。

我心中很敬愛的前人事院總裁，內海倫先生，因爲胃潰瘍，接受手術，將胃切掉一半。手術後，在家人和護士照顧的病房中，慢慢的恢復了意識。他向護士說：「我的肚子裡一定流了很多黑血吧！」乍聽之下，護士不能意會，想了又想，終於明白，回答他說「沒有那回事，你的肚子啊！都是紅色乾淨的血。」於是他轉頭向家人說「你們看！我雖然平時愛罵人，可是肚子還是很乾淨的」，護士也證明這件事了。

因爲他幽默自嘲的話語，使原本氣氛沉悶的病房，充滿了笑聲。因爲目中無人的「以吃人攝取營養」的關係，他身體恢復後，比以前更有活力，更爲活躍。

擁有這種發笑的精神，對人生又有明朗、肯定的看法和態度，如果退休，就用不著害怕老後的各種問題了。

早稻田大學榮譽教授暉峻康隆先生，以前為講師時，曾在NHK電視台「清新文藝」投稿作品中，介紹了以下的諷刺短詩。

「雖然被視為痴呆，也要假裝痴呆。」

雖然有人問「老先生，你是不是開始糊塗了」，我也不生氣。微笑著想好極了，假裝糊塗是多麼有趣的老人。暉俊先生也說：「能造出假裝糊塗，就表示不會糊塗，這才是以子之矛攻子之盾。」

以上所介紹的人，他們的共通點，就是會引人發噱，和達觀的性情。也就是說，是一個讓人期待並大受歡迎的人。而且「笑」也會創造積極開朗的態度。並且對明天充滿了希望的人，才會產生生活的希望，與生命的力量。所以我們都應該懷抱著希望，相信未來可能性的方式生活下去。

## 「自傳」是客觀端詳自己的機會

## 巧妙的老年生活法⑯

向「自傳」挑戰

提到「自傳」，讓人感覺好像是什麼重大的事情，但是用不著像日本經濟新聞連載的「我的履歷表」那樣嚴肅。可以用比較輕鬆的方式，嘗試撰寫看看。

自己寫自傳，有人會認爲，彷彿暗示自己快要死一樣，其實用不著如此忌諱。把它當做是日記的延長即可。

寫自傳的效用，最大的意義，是讓頭腦年輕化，以及增加體力。頭一次提倡寫自傳的，是我小學時代的恩師，佐佐木鶴一先生。他把寫自傳當做是一種防止老化的方法。

佐佐木老師雖然已是八十多歲的高齡，但到現在還會和學生一起喝酒。健康情況令人羨慕。他那麼有活力的秘密，或許和自己寫自傳，或者指導他身邊的老人寫自傳有關吧！

自傳，不像小說那樣，可以選擇主題，用虛構的方式加以杜撰。自傳的主題是自己，而且皆爲事實。所以任何人都一樣，想寫的話，就嘗試寫寫看吧！但問題是自傳的結構，要把主角的自己，以第一人稱，或第二人稱，或寫成故事性、戲劇性的故事。亦或寫成獨白式的敘述方式。思考這些事，也會巧妙的變成頭腦體操。

一旦著手動筆的話，必須要去調查從前的時代背景。所以可能要去買現代史、年表等的資料來查詢。這種作業的過程是非常有趣的。

譬如「自己在那種年齡，曾發生那些事？」或「發生那件事時，我的想法如何？」等，各種回憶，慢慢的浮現出來，這些回憶直接寫在自傳裡，可以增加豐富的內容。

要完成自傳，有時候須要花上二年，甚至三年的時間，但是在這期間，可以做許多有趣的作業。絕對不會感到辛苦。也用不著做特別的努力。

另外，寫自傳另一效用是，可以利用寫自傳的機會，以客觀的角度來審視自己。譬如說「我爲什麼計較那些瑣碎的事情」或「那時候的行爲對或不對」等，應該會出現各種客觀的因素。

客觀的來看自己的行爲，在精神衛生上，可以產生很好的效果。因爲連自己生命中比較陰暗的部分，也可以隔著時間，冷靜來端詳。說不定能得到令人滿意的結論，殘渣般留在心裡角落的東西，也可能會因此而消失。

勿虛張聲勢，勿逞强，提起筆來試著寫吧！如此一來，說不定會發覺，自己爲了尋找有趣的意外資料，而忘記了時間。

## 年輕時充滿笑容的相片，會產生新的活力

雖然已經是退休的人，但在幾十年前，應該也曾經擁有年輕活潑的時代吧！臉上有光輝，皮膚有彈性、有光澤，身體也結實健壯。對將來充滿希望，也充滿幹勁和鬥志。什麼都不怕，生活在無限的希望中。

你曾經想過嗎？如果能回到那榮耀的歲月裡，該有多好！常常回憶往事，據說是老年的象徵。的確，這也算是事實。若執著於過去而無法擺脫，完全不向前邁進的話，這種說法並沒有錯。但是，若是回顧過去，給未來的自己打氣，當做發憤的材料來使用的話，我認爲它絕非變成老年人的證據。

從相簿中，抽出一張自己喜歡的，年輕的照片，有著自然的笑容，可以給任何人看，

## 巧妙的老年生活法⑰

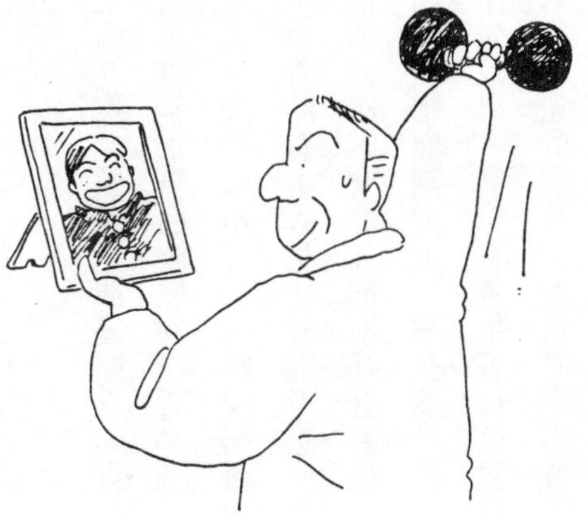

昔日充滿笑容的相片

也是足以自傲的相片。將這張照片鑲入相框中，放在桌上。如此藉著照片，就可以想起拍攝照片的時代，回憶一些有趣的事。不但可以恢復些許年輕的自信，並從心底湧出活力。照片的確具有這種功效。

如果放在桌上，或掛在牆壁上，覺得不好意思的話，放在抽屜裡面亦可。在心情低落時，拉開抽屜，悄悄的拿出來看，如此一來，陰暗的心情瞬間就會消失，並且轉爲開朗活潑。

另外，駕駛執照、護照等證件所用的照片，最好使用有創意的相片。證件上的相片，一般都是在街角的快速照相所拍攝。但這種相片，有時候都拍得不好看，總讓人覺得「我的臉是這樣嗎？」所以最好到攝影公司去拍攝真正的肖像，利用充足的照明、柔和的燈光，照一張漂亮的相片。

或者利用焦距原理，來拍攝看不出皺紋和雀斑的相片。有這種專門的攝影技術可以利用。就像拍男明星、女明星那麼漂亮。如此一來，每次看執照和護照，就可以看到漂亮的自己了。

經常在駕駛執照，或護照看到自己「漂亮的臉」，會覺得想要「經常保持青春美麗」，變爲可以糾正自己姿態的材料。

我還在大學服務時，有時候奉命擔任大學聯考的監考員。常常巡查考場。在應考生的桌上，放著貼有本人相片的准考證。很奇怪，這種照片都是憔悴或疲勞的樣子，頭髮不整，表情不自然，大部分都不好看。

因此我想建議考生，貼在准考證上的相片，最好用有笑臉和整潔的相片。這種方法馬上會產生效果。甚至有考生實行這種方法，而考上第一志願，寫信向我道謝呢！

看了邋遢的照片，心情必定不會振奮，但是看著活潑表情的照片，會產生一股幹勁，這就是最明確的證明。

## 好吃的先吃個中的意味

兒童在吃食物時，不是先吃喜歡吃的東西，就是把喜歡的東西留在最後，有些時候則猶豫不決。放暑假時，暑假作業也是如此。不是先集中性的做完，然後輕鬆的大玩特玩，要不然就是盡情的玩樂之後，到了臨開學前，才急急忙忙把它趕完。

至於，你是屬於那一種呢？是先把吃力的事先做呢？還是把討厭的事留在最後。

這種事常常成爲茶餘飯後的話題，雖然是小時候的事，但所謂秉性難移「三歲看大、七歲看老」，成年之後，可能就具有相同的性格。

這種情形，也因世代不同而引起的差異。明治、大正到昭和初年出生的人，屬於「規規矩矩」的時代，一般是把好吃的東西，留在最後才吃。暑假作業則先做完，不然的話，心中總是不安的人居多。但是雖然同爲昭和時代出生，但在戰前戰後，缺乏食糧的時期，渡過成長期的人，就不會將好吃的東西留在最後了。因爲對於缺乏食物的兒童來說，必須在被他人搶去之前，確保自己的食份。不過除了這個特殊的年代，一般人都可能屬於「規規矩矩」的世代。

把樂趣留在後面，先做吃力的事，過著規規矩矩世代的人，將來可能應該先考慮，樂趣優先，好吃的東西先吃的生活方式了。

## 「休閒就是休閒」無須理由

以前有機會閱讀過，初台關谷神經科診所院長，關谷透先生所寫的「積極休養之建言」這本書。書中關谷先生提出所謂「爲工作而休息，或爲休息而工作」的問題，文中曾說「把休閒視爲從屬於工作的，不加以重視，就是不能得到真正的休息，也不能有效的工作，結果也不能過著充實的人生。」對他這種說法我深有同感。

我的休閒，是在工作空檔找出多餘的時間。但是有人認爲，不做任何事，才是真正最好的休息。就是在家過著無所事事的生活。但是只知道這種消極的休養方法的人。看起來彷彿有相當的休養，實際上卻没有得到真正的休養。不但如此，這種消極的休養法，有時候爲了休息反而更疲勞的人，亦屢見不鮮。

所謂安靜、靜養的「靜」的休養，是必須住院的病人的休養法。由行動、活動的「動」的休養，才是真正讓身心清新，積極的休養。這是關谷先生的主張。

我自己過去也常常說，中高年齡者的人生設計中，應該更優先考慮休養或休閒。越是忙碌的人，沒有休養時間的人，更須要有這種想法。雖然年紀大，處理忙碌的工作，但仍能儘量休閒的人，其實並非有特別的休閒時間，而是先做休閒計畫，然後再按照計畫來工作。就像沒有時間休息，工作非常忙碌，有名的麥金賽日本分公司的大前研一先生，據說他在每年年初，就會先決定那一整年的休閒計畫。他說：「必須要在最初就決定好休閒計畫，要不然，就會變成全年無休的工作。」

這種想法，和訂定人生計畫也是相同。

雖然不是暑假的家庭作業，年輕時，爲了準備升學考試，計畫克服自己棘手的科目。做好計畫，但中途受到挫折的人，可能都有這種經驗。準備升學考試的基本原則，和它相反，應該先從充分拿手的科目，來建立自信。而中年以後的生活方式，也和此原理相同，要把喜歡的事，或覺得有趣的事，優先的放在人生計畫中。

當然，不管年紀有多大，想向困難挑戰，十足的幹勁是很重要的。但是像關谷先生、大前先生那樣的主張，先把休閒、有趣的事列爲優先，結果，對困難的挑戰，就變成特別容易了。

明治四十四年出生的漫畫家，杉浦雄先生，年輕時，和新漫畫派集團，創立旗揚時代的同志橫山隆一先生，互相發誓說「老後要在銀座盡情享樂」。而且杉浦先生完全遵守這個諾言，直至晚年，一個禮拜至少兩次到銀座遊樂，但是後來因爲經濟條件，不能再自由前往銀座，所以，據說「一輩子」勤勉的工作。

假如他和橫山先生約定的是「事業有所成就要在銀座飲酒作樂」。可能就不會「生涯現職」的工作一輩子。因爲以休閒爲目的，所以能在銀座飲酒作樂，也能還在工作，這種事在風燭之年，更顯得其重要性。不要採行沒有將來的夢想，而完全享樂的做法。反之，不管多麼老，要有向某一件事挑戰的勇氣，是這種階段的計畫，或「生活方法的作戰」。

但是我們說好吃的東西先吃，也並非後來要吃不好吃的東西。如果是二十歲、三十歲的話，可能也有爲了給工作造勢，而想休閒的方法。但是對中高年齡者來說，如果爲了工作造勢，而才想休閒的話，就毫無意義了。休閒或休假，本來，這件事本身是很有趣的事。而且所謂積極的休養方法，就是好吃的東西儘量的吃，有趣的事情馬上去享受。或許這便是人類自然的動態，坦率自然的生活方式。

況且想要過這種生活方式，必須在退休之前，就積極的做好準備。

# 6 先從「喜歡的事」開始做

## 先要積極的活動

有很多爲了工作而盲目工作的人，一旦退休沒有工作時，就像我們所說的洩氣的氣球，馬上失去活力，不想做任何事。這種情形，與其說他不想做任何事，倒不如說，他不知要做什麼事。對工作越是熱心的人，這種傾向越强。

不知道做什麼事，而不去做事的話，遲早會出現痴呆現象。巴斯噶曾著有「人是思考的蘆葦」一書，書中言道：人類若停止思考的話，就會變成一具空殼。我想沒有任何人想讓自己變成空殼，所以我們不能停止思考。

我對建築比較有興趣。在街上散步時，看到理想的建築物，就會佇立在那裡，仔細的觀察，而且會想「爲什麼這個建築物，看起來這麼漂亮？」「這裡多用點功夫，可以使它看起來有平衡感！」「爲什麼對建築物有興趣呢？」等，會產生想要做分析的念頭。也因此經常使用腦筋思考，所以，我有把握絕對不會變痴呆。

我的母親在九十六歲時去世。可是到了最後的日子，也沒有痴呆的症狀。我認爲她是因爲常看電視，又自己常當演出家之故。譬如，她會假設自己是製作人，這個角色要用那一個演員，這個演員適不適合當主角?自己一個人在那邊考慮各種事情，和決定配角等。因為熱衷於這種事，常動腦筋，因此，永遠不會痴呆。

不知道做什麼事才好的人，不是不做任何事。而是如果獲得某一個機會的話，就心動不如馬上行動，立即投入這個世界。譬如對中國話感興趣的話，就馬上打開電視，因為電視正在播放中國話講座的節目。看著這個節目，然後按照老師的教導來學習。後來買了教材之後更感興趣，想要進一步閱讀中國的歷史。這可以說，是絕對可能演變的結果。然後又想要去中國旅行，就買了指南書籍來閱讀，也終於成行。再接著又對中國文化產生興趣，而努力學習。

像這樣，利用一個機會，去做想做之事，然後慢慢繼續擴大。這可以說是一種無限的擴大。所以，掌握了機會，就切勿猶豫，趕快行動。任何事都是從這種行動開始，退休之後，不知所措者，這種人對我來講，是不可想像之事。

## 當義工，參加建設村里活動

退休以前，一直是個上班族的人，一般只在一個公司，和同一種行業之間交往，所

巧妙的老年生活法⑱

猶豫不決時，要從喜歡的事開始做

以範圍均十分狹窄。這種人一旦退休，就不能成功的和不同世界的人交流。所以造成不想出門，整天悶在家裡的情況，我想這種人應該不少。

如果你是屬於這種類型的話，那麼要趕快積極的走出户外。努力拓展你的世界，在任何城市中，都有所謂的交流中心。在那種地方，你會意外的遇到許多有趣的事情。而且能有適合各種人的活動，内容也相當豐富。最重要的是，它是一個各行各業的人聚集的地方。

也許起初不想參加，後來有點勉强的參加。但和各種人交流之後，卻深深的沉溺在這種樂趣之中。爾後自動自發的參加，並且會覺得「也有這種世界？」或「世界真太奇妙」，越是單純的上班族，越會爲這世界之大而吃驚，甚至樂在其中。

現在，是屬於地方的時代，越是地方性、區域性的這種社區活動，越是活潑，而且聚集了許多不同職業的人。有已屆齡退休的，也有仍在崗位上努力的。這種不同人物的聚集，才能讓自己學會新的事業。像這種團體，在各種社區都時有所見。能夠參加這種團體，不是也非常有趣嗎？

有某一個團體中，其會員的中心人物，爲了讓小學程度的兒童，體驗存活經驗。在山裡過了大約一週的生活。

在那段日子，要求兒童們，拜訪村裡的老人，詢問村中的歷史，拜訪過老人的兒童，整夜在那裡交談，互換得到的消息，渡過了愉快的一週。先要去當自願者，參加各種團體，在與過去有所不同的世界裡，發現生活的意義，這是我的主張。

所以，我經常向有關行政單位建議，要振興村里的事。不但要聽年輕人的意見，也得獲得退休人的建言。要多多利用人的體驗、經驗和智慧。如此一來，即能給予退休者一些生活的意義。這樣，可以說是一舉數得之事。

在美國，有所謂的（AARP＝American Association for Retired Persons）的組織。在這個組織中約有三千萬的退休者，登記爲會員。他們自己做各種的規畫，然後向本部提出。如果是好的規畫，本部就會製作成可能實現的狀態。在日本也有所謂（ＮＡＲＰ）的組織，現在仍在活動中。

按照企畫內容來製作，有時也有收入獲得，所以勿以爲是老人會，而瞧不起。因此到了高齡化社會時代，現在退休者的世界，將會有很大的改變。

## 在日常生活中，要保持一顆好奇心

我們的頭腦因爲相當高級，所以不能二十四小時，整天在思考。我把這種狀態稱爲「頭腦思考節約裝置」，確實，以刷牙爲例，沒有人刷牙時，會想「下次刷右側」「下次刷左側」一般的命令自己。因爲這種事已經變成一種習慣，已用不著每次使用頭腦來發號施令。這即爲思考節約裝置發生了作用。

我們走在熟悉的道路上，也用不著思考，我們的腳會自然移動，把我們帶到目的地，這個原理是相同的。

這種裝置，看起來好像非常方便。但事實上，因而形成頭腦老化主因的例子，時有所見。思考節約裝置發生作用，就等於腦筋沒有活動。這樣就像停止流動的積水一般，會變成混濁，導致頭腦硬直僵化，然後逐漸開始痴呆。持續過著一成不變的生活，是使頭腦老化的最大原因。

頭腦何時會活潑的活動?那就是遭遇到某種事。例如，聽了某件事，或接觸某件事時，覺得「奇怪!」或「爲什麼?」的疑問。「咦!有點奇怪，好像和昨天不太一樣」，有這種異樣的感覺時，就是表示我們的頭腦開始在活動。因此年紀大以後，切勿過著一成不變的生活，要繼續增加頭腦活動的機會。

這種機會，在我們的日常生活中，應該是很多的。

據說在散步時，不要經常走同一條路線。試著走其他的路線，有時會覺得「在這地方，有這種建築物嗎?」「啊!有好漂亮的花盛開著」等，經常有新的發現，腦筋就會活潑起來。

或者，去時和回來不要走同樣路線也可以。例如，去時靠左邊走。回來時就靠右邊走。如此一來，所看的景色會有所差異，也會產生新的發現，和新的機會。

有的人一個月改變一次房間的擺設。用這種方式來改變氣氛。當然，用不著做很大規模的變化。例如，沙發換個位置，或窗簾換個圖案等，據說，會令人有完全不同的感受。各位不妨一試。

常去光顧的店鋪，在某方面會令人心安，但偶而也應該去嘗試其他的商店。體驗店內不同的氣氛，或者不同的味道，這也是個辦法。雖然初次踏進陌生的店，會有點不安，特別是單獨一人時，須要有一些勇氣。但如果進去會有某種新發現的話，還是要大膽的進去。遇到這種情形，若是有吧台的話，我會坐在那裡和店裡的人聊天。

因爲從那裡，一定會有過去所沒有的新發現和新際遇。

## 擁有問題意識，可防止頭腦老化

以前曾和一位一流企業的經理一起打高爾夫球。有一次，打完某一個洞，要到另一個洞的途中，想乘坐移動車之際，突然下起傾盆大雨。雨水馬上匯流成一條小河。我想「再不走的話，全身將會被淋濕」，正想躲雨之際，突然聽到「喂！多湖先生，你不覺得這水流很奇怪嗎？」這位經理很奇怪的說。

我看了看水流，並不覺得有何異樣之處。因爲前方已無人蹤，我想催促他趕快離開，帶他到發球的地點避雨。但是這位經理一直看著水流，然後大聲的說：「唉呀！雨水原來是這樣！」一副心神領會的樣子。

## 巧妙的老年生活法⑲

有好奇心能使腦筋活潑

在我眼中不足爲奇的水流中，這位經理卻發現了不可思議之物，他的腦筋裡，可能藏有某一種的問題意識。這個問題意識，可能讓他在水流中，有了不可思議的發現。

其實任何事情都相同，如果不具問題意識，看見事物，也可能視而不見。就像方才的比喻，看不出什麼東西。但帶著問題意識來看的話，雖然看起來並無二致之物，他卻能明確的看到某一種景況。

一位風雅人士或詩人，一位對繪畫有興趣的人，或者對植物感到好奇的人。連在路邊寂靜開著的無名花，都會注意到。於是以花做爲題材，做詩、作畫，或將它帶回家，對照植物圖鑑，研究花名。

但是對花不感興趣的人，可能就不會發

現路邊這不起眼的小花。

把問題意識用其他語言表示的話，也可以說是好奇心。但是若處在單純的生活中，是不易產生好奇心的。有好奇心的人，就可以看到不同的世界，並可以去接觸它。就和前述一般，可以使頭腦活潑的活動。

所以年紀越大，要產生的好奇心，儘量做動動頭腦的體操。

## 「頭腦體操」也有各種目的

「你變得老糊塗啦！」

如果突然有人這樣對你說的話，想必每個人都會大吃一驚。又如果健忘得更嚴重，思考經常空白的話，雖然認爲自己還年輕，但也不免有所自覺，「我終於也開始老糊塗了」，而心中無限驚悚。

頭腦不使用，會一直退化。也就是會有硬化的狀態，不能做柔軟的思考。甚至常常會出現想不起對方名字的情形。只有繼續使用腦筋，才能避免造成痴呆的症狀。因爲越使用頭腦，頭腦就會越活潑越靈光，對防止頭腦老化有幫助。雖然說腦筋要多使用，但也非要求特別困難的事情。比如玩大風吹的遊戲，聚寶盆的遊戲，說笑話等一些輕鬆的事情，對腦筋的活性化也相當有幫助。

同樣的笑話對同一個對象，講了好幾次，就變成諷刺。因此說了幾次相同的笑話後，就必須再去尋找其他笑話的材料。有時爲了獲得對方的共鳴，要講的笑話，必須詼諧有趣。因此在找尋材料時，也很費神。

但笑話一旦想出之後，就會源源不斷，這是說笑話的特徵。

被認爲是說笑話高手的名導演，和田勉先生，他把自己所講的笑話中，比較有趣的留在記憶中，據說他腦海裡的笑話，有三千個之多。假定把一個笑話使用三次，平均有五個人聽的話，那麼就有四萬五千人得到歡笑。和田先生在電視台講笑話的次數不少，如此一來，聽衆的笑聲，就增到好幾百萬人。

已故紀伊國書店的負責人，田邊茂一先生，也被視爲說笑話的高手。因爲他每次在演講之前，一定先講一個笑話。讓觀衆輕鬆一下。據說爲了聽他的笑話，特別去參加演講會的人還爲數不少呢！

有趣的笑話，有將沉悶的氣氛，轉變爲和諧的功用。所以會說笑話的人，予人性格明朗的印象，具有吸引力，並能獲得朋友的好評。如果說的笑話，會引人發噱，那就更具吸引力了。如此一來，人際關係就會越來越擴大。對於高齡者和他人的關係是很重要的。

所謂和他人的關係，就是對話，與人單獨的對話。經常與人對話，比較不容易有痴呆的現象。

## 傳授「多湖式攝影術」的樂趣

我長久以來熱衷於攝影，但自認爲和他人稍有不同之處，就是講究拍攝對象的選擇，和注意角度的技巧。我經常被邀請在結婚典禮上負責照相。可是我不拍結婚典禮的熱鬧場面，譬如切蛋糕、送花束等。

現況的熱鬧場面，不論新郎新娘的朋友或親戚都會去拍攝。我再拍的話，可能會拍到和別人相同的相片。對於想當攝影家的我，實在沒有興趣。

所以在婚禮上，我所選擇的拍攝對象，是新郎、新娘的父母，或者祖父母，亦或有名的來賓。而且儘量注意到角度方面。拍攝大家未注意的「特別畫面」，雖説如此，但實際上並不簡單。要掌握機會去捕捉畫面，不然就拍不到令人滿意的照片。

如果真的想拍攝到「很滿意」的相片，有一個秘密，那就是懷著和新郎新娘同樣快樂的心情，必能無往不利。

例如：滿臉洋溢著笑容的新人，邊切蛋糕，邊接受來賓祝賀的掌聲的同時，偷偷觀察他們的雙親，可發現在他們臉上雖然是高興的表情，但無意中也表露出寂寞的神情，所以我就特別留意並拍這種情景。

在遠景上有切蛋糕的新人，在其前方則是表情複雜的雙親的臉。這是相當美妙的構圖，拍攝到這種照片，就可以用這張照片，牽引出其中的故事了。

準備拍攝名人貴賓時，切記不要拍其特寫鏡頭，應該也要將新人拍在照片當中。因爲如果是持久的照片，年代久了就變成「肖像」了。

但如果畫面上，包含著新郎新娘，看起來就覺得很自然。而且在畫面上若有名人合照的話，再將它放大，會是一張很有價值的照片。父母也會因爲這麼有名的人，也來參加兒子的婚禮而感到與有榮焉。

雖然是同樣的興趣，但如果加上自己獨特的方法，想想也會變成巧妙的頭腦體操，而變成防止老化的手段之一。

因此不論何種的興趣，只要有心，都可以想出各種獨特的招式。

# 你的書房，有什麼字典？

曾有人告訴我，他只要有空就拿起桌上的廣辭苑，隨意翻開任何一頁，看上二頁。

他不是國學研究者，或文學作家，而是普通的上班族，退休後，繼續看過去想要看的書，過著有趣而充實的生活。

翻開字典，其中所出現的詞句，大部分都能理解，但若是大辭典，一整頁中熟悉的詞句，只有五、六個的情況也有，其他的幾十個字眼，都是陌生而不了解的詞句，因此自已經常感到很慚愧。

他對於這一點，感到很有趣，所以有空的候，就打開字典認真鑽研。因此，有時閱讀書籍時，也能看出作家錯誤的用詞，對於書中的內容更能完全意會與了解。他告訴我，現在對閱讀越來越有興趣了。

對於喜歡看書的人，常常有人以「鉛字中毒」來形容。所謂「鉛字中毒」，是意味著不管是報紙也好，或廣告傳單，一定要有「鉛字」，要不然的話就無法忍受。連看小說的時候，如果鉛字的間距大，也無法忍受。而喜歡看八號字體所印刷的，密密麻麻的小字。

但是老花眼的人，看書必須配戴眼鏡，閱讀這種小字就非常吃力。即使閱讀鉛字，也頂多看看報紙，事實上，大多數也只能瀏覽一下而已。

但若經常「等一下」的話，是很容易老化的。一個人年紀大了以後，不管做任何事，都比年輕時懶惰很多。這種習慣是促進老化的主因。這一點在前章也曾敘述過。所以有這種傾向的人，必須要努力加以改善。看書時若發現陌生的字眼，一定要立刻翻開字典查查它的含義。

如果覺得查字典很麻煩的話，現在書店裡，也有多種所謂的現代用語辭典，非常的方便。這種字典字體大，又有圖片，很容易閱讀和理解。

因此經常在桌上放一本現代用語辭典，當發現陌生的字眼，就馬上翻開查閱，這樣一來，對於防止老化絕對有效，若想獲得現代資訊，也大有幫助。

# 7 中老年人要胸懷大志

## 把七種「告別」當做七種「邂逅」的方法

對男性而言，只要是上班族，幾乎都有所謂的「退休」，而與工作、職務「告別」。

女性縱然年紀再大，所謂的家事勞動工作，則繼續一生。想和它「告別」也無法做到。不不論以職業的狀態，或精神的狀況來看，老後的問題，大概男性要比女性多。男性的問題，是和退休一起來臨。要「告別」周邊有關的事情，和一些密切的關係。簡單的說，男性對這種「告別」有什麼想法，要如何對應等，對後來的生活方式，會有很大的影響。

因爲退休，必須和工作與現職的「告別」，大概可分爲七種，有關這七種「告別」，以下有詳盡的說明。

首先假定第一個告別，是和「公司告別」，第二個告別就是和「頭銜」告別，包括「經理」「課長」等各種職位頭銜，是象徵組織等級制度，也可當做上班族的地位與定義，可以說不論在公司內外，甚至在酒廊，都具有一些影響力。可是一旦離職，會變成一個沒有頭銜的「普通人」，從此以後，就和印著公司名稱和頭銜的名片「告別」，和辦公桌、辦公椅「告別」，如果是公司的高級幹部，也必須和公司的派用車「告別」。

第三要和「金錢告別」，退休之後，就不再有薪水收入了。因爲已被年金或分期支付的退休金所代替。連一定支付的「交際費」，和「交通費」所支付「通勤月票」也失去了。

第四和「資訊告別」，第五和「人的告別」，這些告別，表示長久以來所建立的，對於公司人的認同，也將會逐漸淡化。

第六也是和「人的告別」。但是具有特別意義的和「家人的告別」，這種告別雖然並不是因爲退休而來臨，但在不知不覺中，孩子們離開了父母，或成家獨立。雖然不一定依賴兒女生活，但一輩子爲了孩子，盡了一切的努力，如今忽然失去目標般的，感到特別的落寞。而且到了這種年齡，連平常健康的老婆也生病了，甚或先你而去。最近有一個現象，就是有不少太太等待丈夫退休，孩子成家獨立之後，而要求和丈夫離婚。甚至產生了「退休離婚」的新用語。

最後是和「健康告別」，退休後，因爲環境激烈的變化，過去的緊張情緒突然鬆懈，因而身體突然老化、突然生病的人很多。不管多麼注意自己的健康，這件事早晚一定會來臨，那就是和「健康告別」。

就這樣，你將陸續的和過去支持自己，鼓勵自己的人、事、物告別。

我並非危言聳聽，要讓大家產生不安。除了第六、第七之外，其他均可視爲以上班族之束縛的解放。可能有人認爲退休是人生的終點，但以現在的平均壽命來說，也是漫長人生的第二個出發點。要有向過去不同人生挑戰的勇氣，這對於退休的人是絕對有好處的。因此，我們可以說：「七個告別」事實上會帶來「七個」或「無數個」美好的邂逅。

## 可以脫離「等待指示族」

最近常常看到一些，沒有父母或老師的指示，即自己不會做事的學生和孩子。事實上有許多成年人，也有這樣的傾向。一個社會人，如果沒有上司、或顧客指示的話，就不能做後續工作的人逐漸增加了。但是在日常生活中，視情況而定，偶爾也有須要接受他人某種指示之例。但不同的是，或因爲考慮過多，或缺少判斷力，或者是怕麻煩之故，而逐漸有不少人成爲「等待指示族」。

所謂「等待指示族」是指沒有文字指示或命令指示，就不能採取任何行動的人，這種人有過於依賴他人的傾向。讓人感覺和現代墨守成規的日本社會十分相似。

但是切磋琢磨，累積人生無數經驗的中老年人，也有不少有這種傾向的人。譬如，不懂休閒的方法，不懂時間的使用方法。這種不幸的人，如果發生某種事，就立刻需要有人照顧，生病的話，就馬上要住院，然後按照醫生的指示來生活，這種他律本願型的人，有各式各樣的「等待指示族」。

約在十年前左右，發生了一件在我心中留下强烈印象之「等待指示族」的事件。有一次，我應邀去一個地方演講，主題是有關孩子以及學校的教育問題。當我站在講台上時，我看到的場面，令我心中感到十分懷疑。因爲我要談的主題，聽衆層次，是以年輕母親爲中心。

但是我看到許多年輕的母親，都坐在會場後方，而一些接近老年的男性，則坐在會場前方。這個會場可以容納五百個人。可說是相當大的場地。但是聽衆大部分是老男人。會不會是這個地方的中老年父親，和祖父對教育特別熱心，如果是，我覺得是一件很好的事情，而且能夠在老前輩的面前演講，讓我倍覺光榮。

但是心裡仍然有不能理解之處，於是向主辦單位詢問，經過說明才知道，這些老年人，爲了午後一點的演講，一大早就到會場了，我想，以我的知名度，還未到讓大家爲我搶位子的程度，而且這個場地的音響設備非常好，其實也用不著特別坐在前方，應該都能聽得很清楚。

## 巧妙的老年生活法⑳

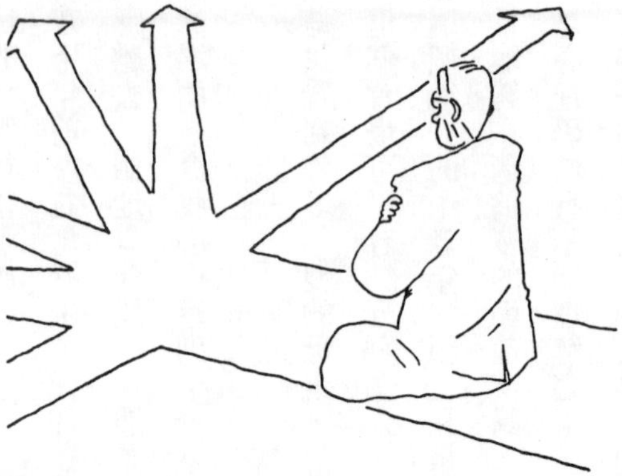

勿受他人指示

結果，真正的原因是這些老人，從早上就無事可做，不知如何打發時間，所以只要聽說有某種活動，就會在二、三小時之前到達。可能是家中的子女或孫兒，各忙各的，老人在家無事可做，所以就會探尋有什麼活動可以參加。

而且還依然健康的身心，使之與痴呆，或臥病在床等的老人問題仍然距離尚遠。雖然對生活無不安之處，實際上卻有慢慢變成這種「等待指示族」的傾向。

事實上，他可能是擁有太多的自由時間，過著悠悠自適的生活型態。但一個壯年人，如果只爲無謂的事，而浪費時間的話，實在是太可惜了。中老年、壯年時代的生活方式，對其後的生活方式有很大的影響。假設認爲行政方面有人處理，公司也會照顧自己的「等待指示族」，那麼，將永遠無法體認第二人生的「快感」。

「快感」是對一種經驗，想再做一次的意願。不能發現對自己有意義的快樂，就不能體會這種『快感』。從大腦生理學來看，快感會使大腦作用活性化，予人帶來活力。因爲是自己的人生，首先要試著脫離「等待指示族」的束縛。

## 向過去不同的人生挑戰

根據預測，二十一世紀初，日本六十五歲以上的高齡者，每四人中就占有一位，已是世界排名首位的高齡國家。現在包括國家、自治體、有關團體等，已開始對老人介護、福利設施、年金財政、社會保險制度等，高齡化社會所可能遭遇的各種問題加以討論。而大衆媒體的報導，也使之成爲日本壓力極重的大問題，造成了大部分國民，開始萌生了「高齡化社會是麻煩時代」的强迫觀念。

但是高齡化社會，應該是國民的努力，和高度經濟發展的結果，是國家繁榮、成熟社會的一種表象。可是每一個國民皆能長壽，皆能過著健康、富裕的人生，那麼，高齡化時代，也可能會變成「有生活意義的時代」。

如果人在八十歲或九十歲才和「人生告別」，在退休後還有二十年或三十年的歲月，那麼就應該以充實的生活方式，來渡過「有生活意義的時代」。不同的想法，可以使你擁有向完全不同的生活方式挑戰的精神和勇氣。稱六十歲～七十歲的人爲「銀髮族」是不適當的，我早就主張六十歲是「鑽石年齡」，七十歲是「黃金年齡」，八十歲才是「銀髮年齡」。

提到所謂的「生活意義」，很容易令人聯想，必須盡一切的力量來完成的終身事業，或者完全投入的興趣等偉大事業。如果沒有「生活意義」，在餘生裡就會遭受悲慘的事情，這種強迫觀念，已逐漸侵入人心。但所謂「生活意義」並非那麼高不可攀。

多數的女性，雖然沒有任何了不起的終身事業或興趣，但也能安定的過生活，每天烹飪、洗衣、購物，過著重視生活實務的生活方式。以所謂的購物行動爲例，其實也能有一些小小的發現，或者獲得一些新的資訊，甚至碰到一些新鮮事。簡單的說，雖然沒有特別的終身事業或興趣，但只要避免無謂的渡過一天就好。只要能夠自己發現「原來也有這樣的生活方式」就足夠了。每個人都會說「年紀大了之後，要擁有自己的興趣」，但是不受既定概念，或者價值觀的束縛，才能擁有彈性的、自由的構想。可能推翻「生活的意義」

和「老後的生活應該如此」的常識，逆轉的想法反而意外隱藏著啓示。應該要從這種啓示中，去尋找發現自己獨特的「生活的意義」。

但是，如果抱持著坐著等待機會，然後再抓住機會的怠惰想法，就永遠只看著一塊「畫餅」而渡過。因此一切都要從踏出第一步的積極性開始。

## 離開舊居可以碰到不同的世界

對居住在島國的日本人而言，國外是讓人神往的地方，每遇連續假期，或者到了年底年初，大家都會想到海外去旅遊。這種趨勢不僅年輕人而已，在高齡者世界亦是相同。某政府單位，對於老後的海外生活做了問卷調查。結果接近六成回答，嚮往過著海外生活，而且希望「退休後到國外生活」的人，更是多得令人驚訝。

退休後，最初想到的，也是到國外居住。利用日圓升值之便和優點，在可以使用日圓的土地上生活的話，可比在日本生活，更能享受到生活的樂趣。對這件事，我曾很認真考慮過。

移民的地方，第一個想到的是美國加州。因爲加州氣候良好，但後來想到治安問題，而開始動搖。接著想移民到澳洲。對澳洲，我也曾極爲認真的考慮，甚至還去當地找房子。不過，後來爲了種種原因，不得不放棄。

在此之前，我曾計劃向朋友募款，當然我自己也參加一份，用這筆錢，在國外買一棟房子，然後共同使用這個房子。我比較喜歡接近都市的地方，因爲如果能在巴黎、倫敦的郊外找到房子的話，我認爲一定能過著非常愜意的生活。

例如，在夏威夷買一棟房子，並和朋友互相調整使用日程。然後說聲：「現在我要去夏威夷一個月」，用一種非常輕鬆的心情，享受國外生活的樂趣，亦即要建立充電所必要的據點。

但是這種計畫，也因爲房子的維持管理方面，產生了各種問題，因而直至今日仍不能實現。如果朋友之間能夠真正互相信任的話，我想一定可以實現。

在老人之中，不喜歡離開長久居住習慣的「舊居」，執著在狹窄的範圍，而不想搬遷的人居多。的確，要離開習慣的老窩，切斷和周圍的關係，到陌生的環境，的確容易產生抗拒。但這樣的話，仍舊過著缺乏變化的生活。不知不覺中，會變得懶惰，無精打采，連頭腦都不能活動，反而會更促進老化。

所以，外國是會引起高度好奇心的地方。住在國外，每天會有一些緊張的情緒，心情自然會振作起來。對所見所聞不得不關心，對於強力的刺激，無論是多麼鈍感的人，也會非常感動。

如果無法在國外生活，其實住在日本也可以，退休後，離開現在住的地方，搬到其他縣市去定居。因爲不必擔心通勤問題，縱使交通不便之處也無妨。就在那個地方，做自己想做的事，或建立新鄰居的關係，這其中也有相當的緊張感。對開始想過人生第二春的人，或許是非常適當的環境。

## 以地球為範圍尋找生活場所

要到國外居住，的確須要勇氣。沒有去過的國家，陌生的國度，固然有其魅力所在，但也有未知的不安感。

那些非常討厭現在居住環境，而想要脫離的人，就可以考慮移民到國外了。譬如說，婆媳不和，被友人疏遠等等，爲了各種理由，不得不過著不愉快生活的人。切勿忍耐過著不快樂的生活。應該改變想法，認真的思考，有沒有可以過得比較舒服愉快的地方。

世界任何地方都有生活的場所，不是只有現在的住處，若目前的生活場所，帶給你許

## 巧妙的老年生活法㉑

離開長久居住的地方

多的不快與煩惱，就要想辦法了。假若執著一個住所，那麼你就注定要過著陰暗的人生了。如果是我的話，一旦有必要，我會馬上離開現在的住所，遷移他處。只要想到以後快樂的生活，我就有能夠做到的自信。

請讀者回憶，前面曾經介紹過的，移民到德國去的高中數學老師，就是個很好的例子。東南亞國家是開發中國家，所以日本人都有頗高的學養。如果打算要當日本語的老師，在任何地方都能生存。

有一位木匠，住在馬來西亞的檳榔嶼，教導當地人，做初級性的木工技術，而且把這些學徒送到日本，再介紹給建築業者。馬來西亞幣值低，生活容易，所以教導木工的工作，也算是屬於相當好的工作，據說他過著像貴族一般的生活。

這位木工靠著這種工作，過著富裕、快樂的生活，就是一個很好的例子。因此，要以地球爲範圍，尋找可以生活的地方。

況且不一定非定居不可，在國外生活個一年或二年也不錯。有一位靠年金生活的人，突然想到西班牙生活，於是在那裡住了兩年。還有人在六十五歲時，還到塞班島去教日文，進行慈善活動呢！

雖年紀稍老，但仍然精力充沛的人很多，如果對現在的環境不滿意的話，就應該像那些有勇氣的人，多多出外學習，積極的爲改變自己的生活而努力。

## 競爭者會刺激你的懶惰心

本來有外出計畫，但因爲當天下雨，所以就不出去了，你有這樣的經驗嗎？過去，每天都入浴，但後來覺得麻煩，就停止了。

或者要去走路就可到的地方，卻搭計程車。只是爲了上二樓，或三樓而等待電梯。這種情形即所謂的「懶惰」。「懶惰」是指失去了活動力的狀態而言。人變成懶惰時

## 巧妙的老年生活法㉒

擁有多數的朋友和競爭者

，可以說是已經開始老化。過了六十歲的人，對於這些問題，可能都會回答「有」。我也是，在開始戴老花眼鏡後，在不知不覺中，就不想再看書了，我也確實的自覺讀書量日益減少。很遺憾的，老化已經迎面而來。

那麼，想想看，我們有沒有能力和方法，對抗老化這個大敵。那是利用友人和知己的方法。但是並非惡意的利用，對友人或知己，不會造成任何影響。

例如，有球場會員證的會員，用不著預約何時打球，隨時都可前往。如果能變成想去就能去的心情時，就沒有問題了。但是有時候下雨，就會想「今天不要去了」，或者刮風也會想「明天再去吧！」等，很容易引起懶惰之心。不過，若已經和朋友約好，就不能這麼輕易的取消了。不論是刮風下雨，心中即使百般不願，也應該在約定的時間，到達高爾夫球場。開始打球以後，雖然天候不良，也會想，能打幾個洞，就打幾個洞。

這就是利用朋友打敗懶惰的方法。像這樣，自己容易怠惰的事情，利用他人來創造無法偷懶的狀況，是非常好的方法。

我們甚至可以製造競爭者，競爭者是競爭對手，競爭對手可以變成怠惰的刺激，因爲利用刺激的行動，每個人多少都有好勝心，而不想輸給競爭對手。因爲不服輸，就不會沒有競爭而豎白旗投降。

所謂的競爭者，因爲每個人的興趣差異而有所不同。例如，想要棋下得更好，想要魚釣得更多，想要舞跳得更妙，想要學習更巧的握桿方式等，只要有積極的決心，隨時都可製造一個競爭對手。

## 到處都有朋友

最近只要提到地方公共團體的首長，就不免令人連想到貪污的醜聞，但以下要介紹的村長，卻是一個例外。

茨城縣久慈郡的里美村，村長是一位五十歲左右的中年人。他的想法是，「老年人不應只是照拂他、體恤他就好，讓他工作才有意義。」這是個相當聰明的想法。

於是他在村中的一個角落，設立了一個工作中心。然後請村中的老年人們，在這裡製作村中的特產品——泡菜，或稻草加工品，亦或民俗木製品。來到工作中心工作的會員，平均年齡大約七十七歲。中心所製造的各種商品營業額，據說一年是六千萬圓，算起來是相當大的金額。而且從營業額中支付老人們的薪水（論時計薪）。老人們就用這份收入，有時候去喝酒，有時候去唱歌。據說也曾經集體去旅遊。對其他地區的老人來說，他們的境遇的確非常令人羨慕。

有時候一個人不能做的事，和朋友一起做就能完成。所謂「三個臭皮匠，勝過一個諸葛亮」，和朋友聚集在一起，創造新的事業，也是爲了渡過充實的人生所不可或缺的。

# 8

# 向著年輕時的夢挑戰

# 向年輕時不能完成之夢想挑戰的喜悅

在我認識的人之中，有一位A先生。他是我在大學時代，參加自行車社團的好朋友。因爲是社團，所以沒有校隊那麼嚴格。暑假期間和朋友一起去北海道、九州等地集訓。平時也常去近郊或山邊。四年中，就這樣過著相當有趣的大學生活，留下許多美好的回憶。畢業後，在一家大型的酒廠服務，擔任營業員的工作。

結婚後，有了孩子，孩子稍大後想要買自行車。A先生買了自行車給他的孩子。有時候孩子騎壞了自行車，例如，爆胎、鏈子脫落等，他就牽回家。這些就是輪到A先生的工作了。對A先生來說，修理爆胎是他拿手之事。稍微複雜也能輕易的就修理好。當孩子看到故障的自行車很快就修好，覺得非常高興。

就在這種生活中的某一天，A先生突然有「開一家自行車店」的構想。不僅享受修理自行車的樂趣，也在星期日和孩子一起到附近的河堤上騎自行車。這些事，每每使他想到，學生時代曾在學校附近受過一家自行車店的照顧，腦海中浮現著當年租借自行車的事。從有構想開始，經過十年，他辭去了服務二十五年的公司，開了一家小型自行車行。

聽朋友說，現在的A先生召集附近的兒童們，設立了自行車俱樂部，過著充實快樂的生活。

算起來還是比較年輕的例子。但我認爲對年齡更大的人而言，也可以當做今後生活方式的參考。上班族一輩子拼命的工作，不知不覺的已屆退休時段，想起退休後，將會無所事事，便對自己的將來覺得空虛。

對於那些只會工作沒有其他興趣的人，最好趁年輕時，培養一些興趣才好。所以最好再一次留心自己年輕時最感興趣的事物，這是我的建議和想法。

前面A先生的例子，就是把自己曾經有興趣的事物，重新加以注意。工作之後，又重新開始享受人生。換句話說，開設自行車行，對A先生來說，可以說是他生命中第二春的開始！現在的平均壽命已經延長，所以，應該從六十歲～六十五歲開始過新的第二個人生。所以我建議中老年齡者，勇敢的向年輕時無法完成的事挑戰。

## 有夢想，才有充實的生活

有一個人年過七十歲之後，終於有機會完成四國的徒步朝聖旅行。也有人想離開喧囂

## 巧妙的老年生活法㉓

向年輕時做不到的夢想挑戰

的都市，到高原去蓋房子，居住在那裡。也有人到了六十歲以後，才實現了年輕時想當作家的夢想，終於出版書籍。他原本是個陶器工匠。

我深深覺得世界之大無奇不有。這些開始生命中第二個人生的人，他們的共通點，都是生氣勃勃。因爲眼前有自己想做的事情，是理所當然之事。他們看起來都很年輕，絕對不像老人。而且連想法都積極前衛。說話充滿丹田之氣。

和這種人接觸時，我覺得反而被激勵了，不由得自省「我應該更振作」。

我有一位朋友非常喜歡昆蟲。他在三十歲時，就已經開始著手設計退休後的生活方式。並且對這種設計感到津津有味。他在小學時代，對昆蟲就很關心。當時有「小法布爾（動物學家名）」之綽號。

精通昆蟲的生態，一般人到了中學，就會停止對昆蟲的觀察，但他到了高中、大學，甚而在公司服務、結婚、生子之後，都未曾停止對昆蟲的觀察與研究，且更熱衷於昆蟲，過著和昆蟲一起的生活。

他所飼養過的昆蟲種類，真是不計其數。據說現在家中還飼養好幾千隻的「金鐘兒」。而且隨時注意溫度與濕度，卵孵化後，養育幼蟲，使它渡過冬天，再產卵、養育。因爲一直繼續這樣做，所以金鐘兒一直繁衍，繼續增加。季節一到，昆蟲們（金鐘兒）大合唱，甚至讓人覺得聒噪不堪。

他的夢想是，到鄉下買下一塊地蓋房子，以利調查並採集該地的昆蟲，然後設立昆蟲館。希望被附近的孩童們稱爲昆蟲叔叔。因此二十年，甚或三十年後，如果在某鄉下出現了一位昆蟲叔叔的話，這位叔叔可能就是他。因爲他是一個有實踐毅力的男人，所以我們可以拭目以待。

年輕時，爲了生活和工作而放棄的事，在已無束縛的退休年代，就能用自由意志來完成。認爲自己沒有夢想的人，應該坦率地對自己的心，聽一聽自己內心深處的聲音，一定會有一、兩件想做的事，那麼它就是你的夢想。而且能對長久以來的夢想挑戰，這是屬於中老年人的特權。

## 「If you want to get English……」

每次開車時，都會順便聽廣播節目。我曾經聽到一位女性以生動有力的聲音，說了以下的故事。

「經常越有學養的人，都會認爲講英語，就要講得精確；可是這種想法，有時候反而會成爲學習的瓶頸，變成不敢說出來。其實我認爲說錯也沒關係，就用蹩腳的英語來講吧！」

因爲覺得有趣，就提高音量繼續聽。這位女性，是喜好到國外旅行的人。常常一個人去自助旅行。在當地也不會覺得難爲情，一直用蹩腳的英語，和當地人溝通，而且對方也聽得懂，溝通無礙。我覺得很有道理，不要因爲不會講英語，就只和日本人在一起，甚至也可以用肢體語言來表達與溝通。

這位女性並非名人，只是個普通女性。但是聽說年紀已經超過六十歲了。我聽了大吃一驚。因爲她的聲音，並不符合她的年紀，顯得非常年輕。我認爲一個人到國外旅行，必須擁有相當的活力和膽識。經常積極性的使用蹩腳英語的話，頭腦絕對不會老化，且能過著充滿年輕氣息、快樂的生活。

我們在學生時代，都有相當的時間來學習英語。但是在學校，英語會話教得很少，形成一種浪費學習，所以語言必須有實際的應用，不然就不會進步。有一句諺語說「需要是進步之母」，非常有道理。

不但是英語而已，學習其他語言也是一樣，據說找一個外國情人是最好的方法。我也認爲確實如此。因爲我們不能默默無語的對著自己心愛的情人，所以必定會絞盡腦汁，至少想要能夠相處。一個單字、一句片語，希望對方可以聽懂。而且也會很注意的聽對方的一言一語，這樣子，對聽力是非常有幫助的。

但是到了六、七十歲，想要交外國情人是很困難的事。能做得到，當然最好，但事實上是不太可能的。

所以先忘了情人這件事吧！用其他的辦法，安排讓自己不得不講外語的情境。因此，最簡單的方法，就是到想要學習的外國語言的國家去。正如收音機那位女士所講的，參加團體旅行的話，用日語也能溝通，就一點效果也没有。若是真的決心要學外語的話，就要一個人去，或者夫妻同行。

如果是單獨前往時，不得不講外國話。夫妻同行時，先生爲了照顧太太，有時候在各種場合，也不得不說外國話，如此製造一些一定要說外語的機會與情境，自然外語就能進步。

## 中老年人獨特的外語學習術

以前義大利有一位性感艷星，名叫珍娜•露露布露姬妲，有一位年輕時曾看過她主演的電影，從此愛上了她，便常幻想到「珍娜的國家」一遊。經過了三十年，因爲孩子們都已長大，也進入了社會工作，於是開始學習義大利文。

先買教材，然後看電視講座，而且將學習錄音帶，像背景音樂般的播放著。二年後，就能說簡單的日常用語了。終於實現了到義大利的夢想，而且非常滿足的回國，這是我曾聽過的故事。

另外有一位開貨車的司機，曾經偶然讓一位西班牙女郎搭便車。這位女郎爲表謝意，據說邀請他到巴塞隆納去看奧運。這位仁兄平常開車，大部分是大聲的播放抒情歌曲。但從此卻改變爲播放西班牙語錄音帶。雖然是短短半年的臨時抱佛腳，卻也可以說一些簡單的西班牙語。

在很多的實例中，想學外語的動機，經常都讓人十分吃驚。同時也深深感覺到，只要有心，任何事都可能成功。千萬不要認爲，學生時代英語成績不好，到了這種年紀，學習也沒有用，非常氣餒與絕望。其實學校的學習，和實際的會話完全不同。在學校必須要按照文法，寫正確的英文，要不然就不能拿高分。但會話只要意思通即可，也不一定要很流暢，更不必要有非常洗練的外語基礎。

仔細聽，我們當做會話講的日本話，也是相當馬馬虎虎的言詞。譬如，把「助詞」弄錯，或者是語調很奇怪，但還是能當做會話來溝通。其實外語也是一樣的。所以不要在乎文法是否錯誤，大家自自然然的、輕輕鬆鬆的來講就可以了。

## 有魅力的構想，從何處產生？

現在在千葉縣，舉辦日本最大的，國際性大會設施，幕張（地名）博覽會。而其周邊，以幕張爲新都心，正在從事各種的開發。我認爲如果其中建有大廈的話，會是一個很有趣的計畫。

這種大廈，簡單的說，就是開發中國家的共同大使館大廈。因爲在全世界中，還有許多不曾聽聞的開發中國家，這些國家大半缺乏經濟力。如果要在地價高得驚人的日本首都圈建立大使館，簡直不可能。但是他們都具有獨特的文化與產業，等著向國際舞台進軍的機會。

我們的規畫小組，認爲以企業集團爲主導的「企業塔」之良多計畫中，存有一個企業障壁，也就是自治體障壁，這幢建築物就是國家超越企業障壁的建築物。所以才想到，提供一個樓層給前述的那些開發中國家的大使館使用。

這種有關國家與國家交往的課題，應該要以國家或行政層次爲主導，如果像過去那樣，只是等待國家來進行主導的話，又不知何時才能實現。因此必須先靠民間的層次，解決包括資金在內的問題，而且不只是行式上的交往，而是用自發性的意志，所做的原案。結果卻意外的，從各方面獲得支持。

但是不僅只提供大使館的空間而已。下方的樓層要作爲活動中心。可以輪流介紹各國的文化與產業。上方的樓層，則開放爲可以品嚐各國菜餚的餐廳，或烹飪教室、民俗教室等。還有可以聽見不同語言的「一日參與」設施。學習如果在大廈繞一圈，可以互相打個招呼，說聲「早安」「謝謝」等簡單的溝通外語。

**巧妙的老年生活法㉔**

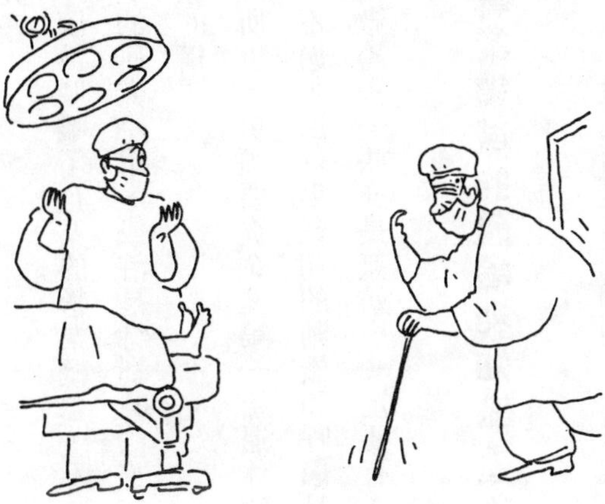

對自己的工作要負責

平時在藝術領域中，向來不被注目的開發中的國家，說不定擁有豐富的民族性才能。他們的作品或演奏（表演），對於先進國家的藝術工作者，帶來相當大的影響與啓發。

如此一來，不論平時邦交好不好的國家，大家都凝聚在一起，同爲這棟大樓的理想努力。

接著，我們接獲了各種的方案，有人自願擔付通往經濟界的管道。有人建議應在屋頂，設立直昇機停機坪，而自己也可以負擔這項工程。如果能夠穿越企業間，國家間的障壁，或許可以成爲具有世界和平意義的象徵塔。

引起我注意的是，先暫且不論這些計畫

的好壞。但是來自個人、企業、自治體等各種層次的「自發性」參與意願非常强烈。只不過是一聲的呼籲便有那麼多的公司、個人、自治體等應和，自發性的思考，和提供寶貴的意見。

因爲脫離了企業的營業概念，不受追求利益的制約，所以會產生了各種自由的構想。我們的硏究小組，或許是特別的例子。但是其他的地區，也可以按照它的區域特性，展開同樣的構想。

所以，更須要從企業第一線退休的中老年人的智慧與行動力。

不過，這件事最初的動機和呼籲是不可或缺的。雖然看起來好像多管閒事，但是，即使稍微誇張一些亦是無妨，一定要有人登高一呼，擔任前鋒的角色。

## 在專業領域的體驗和知識，才是第二代最大的財產

人，世間所經常强調的，是未來生活方式的追求。更以生活較爲寬裕後，中老年齡層的生活方式，來强調義工活動的重要性。提到「義工」一詞，馬上想到福祉性，從事服務活動的人。但義工的意思，本來即意味「志願者」或「做自發性行動的人」，雖然不像幕

張大廈計畫那樣的大規模，但在各自的生活周邊裡，這種機會應該相當的多。

其中之一，就是我最近提倡的「實學塾」私校經營方式。當然這和升學補習班不同，不是教導數學、物理的補習教育。而是要把小學高年級，和中學生當做一個成人，和他們談論真正的「天下國家大事」。而且所談的不是書本的理論，而是以個人的實際體驗，來做爲談話的基礎。

例如，證券公司爲何發生了違法交易?政權之交替有何意義存在?或日本科學技術之問題點等，把這些大問題，拿來認真的討論。雖然同樣是歷史，但不是像準備升學考試那樣，必須記住年號或人名，要考慮法國革命之意義，和對現代有何種影響等等的問題。

不要以爲對方是兒童就輕視他們。其實到了小學高年級或中學生，與他們認真討論這種大問題，他們會感到相當有興趣。因爲他們會開始認真思考，不但如此，有時候甚至會提出連成人也想不到的問題之本質。

讓還是小學生身分的兒子，通過司法考試而變成焦點話題的三好義光先生。據說從小時候就經常對他說「你要做的是拯救人類的大事業」。並對他表示，父母生了你，賦予你生命，用這條寶貴的生命，去完成大事業是你的使命。

而且爲了要提早培養其國際性，送他到香港就讀小學，到了四年級時，已經能獨立做任何事了，於是讓他單獨一人從香港回國。問他將來的目標，他表示想當國際律師。於是這位父親就帶著兒子去會見國際律師朋友。結果，據說整晚向這位國際律師，請教了工作的重要性，與實務之體驗。

兒童只要製造一點動機，或鼓勵，就會刺激其旺盛的好奇心。兒童就像一塊海綿吸水一般，就連高度的資訊也能理解和吸收。因此可能有很多人，能製造這種動機和各方面豐富的經驗。

在個別領域長期活躍的人，將本身具有豐富的經驗與知識，利用私塾的形式傳遞給孩子，不只對兒童有益，也為對中老年齡層製造一種新生活意義的義工活動，具有多重的社會意義。若能實現現代版的「松下私塾」的「實學塾」，則是筆者最大的心願。

## 利用「變身願望」和另一個自己遊戲

女裝癖的確是一種不尋常的嗜好。但令人意外的，那些人之中不乏有社會地位的，和有相當判斷力的男性。在心理學上雖然可以做各種解釋，但我認為原因之一，應該是「變身願望」之產生，想要製造另外一個自己。

對男扮女裝的趣味不能諒解的人，假如能想像化妝舞會的樂趣，可能就能了解了。因為任何人都有想像自己裝扮和平常的自己不同的願望。那麼就巧妙的利用變身願望吧！

變身願望就是利用休假日，讓自己從各種的束縛中解放。這會使精神變得年輕，是一種適當的刺激劑。從日常扮演的「角色」解放，做一種和平日不同的體驗。雖然用不著男扮女裝，但將自己打扮成平常不可想像，亮麗的樣子，精神就能為之一振，而顯得年輕起來。

如果是女性的話，可以改變化妝、改變服裝，可以做很大幅的變身。但是一定有很多人認為男性要打扮，實在是相當困難的，所以要多動動腦筋，想各種方法。

可以使用隱形眼鏡、假鬍子、假髮等小道具，如果認為這樣太誇張，可以穿稍微鮮艷的服裝，或帶著墨鏡，心情會有相當不同的感受。

鼓起勇氣在陌生的地方走動，也可能產生和平常不同的心情。如果有賽馬場，去看看跳躍的馬匹也好，或去美術館，去逛街，進入從未去過的餐廳吃吃飯、喝喝酒也不錯。

以前中學生流行一種「他人遊戲」，這是一種假借他人之名的遊戲。他可以假裝是一個藝人，在簽名簿上用假名簽名。他也可以假裝是名人，或名人之妻，或者戀人與其友人談話。有時候在日記上虛構故事，進行一種天真的遊戲。

調查這種遊戲的人說，平常沉默寡言的少女，用假名後，馬上變成性情開朗，愛講話的女人。或有人在日記上虛構故事和體驗，但一定描寫得很詳細，彷彿引是真實一般。

有一位學者說，要把自己變成不同的人。是有「豐富的創造力和表現力」，而做「他人遊戲」的理由是「要發洩壓力」。

年紀稍長之後，容易把自己放在一個完全相反的立場，想要和組織、社會斷絕關係，想要自由自在的生存。會認爲和朋友緊密接觸的自己，只是一種演技。其實自己心裡一點都不喜歡。

這種情形，和中學生一樣，爲了發洩自己而扮演別人也無妨。精神科醫生齊藤茂太先生，據說經常在深夜，偷偷的演說，用不靈光的德語模仿希特勒的演講。評論家草柳大藏先生，也會找一處無人之處，模仿前首相田中的演說。

這並不是史蒂文生的小說「科學怪人」。但在幻想的世界裡，不妨張開翅膀，自由自在的扮演主角。扮演另一個人，將平日無法傾吐的欲求一吐爲快，將所有的老化症候群，用力擊碎。

| 大展出版社有限公司 | 圖書目錄 |
|---|---|

地址：台北市北投區11204
致遠一路二段12巷1號
郵撥： 0166955～1
電話：(02) 8236031
8236033
傳眞：(02) 8272069


## ・法律專欄連載・電腦編號 58

台大法學院 法律學系／策劃
法律服務社／編著

| | |
|---|---|
| ①別讓您的權利睡著了1 | 200元 |
| ②別讓您的權利睡著了2 | 200元 |

## ・秘傳占卜系列・電腦編號 14

| | | |
|---|---|---|
| ①手相術 | 淺野八郎著 | 150元 |
| ②人相術 | 淺野八郎著 | 150元 |
| ③西洋占星術 | 淺野八郎著 | 150元 |
| ④中國神奇占卜 | 淺野八郎著 | 150元 |
| ⑤夢判斷 | 淺野八郎著 | 150元 |
| ⑥前世、來世占卜 | 淺野八郎著 | 150元 |
| ⑦法國式血型學 | 淺野八郎著 | 150元 |
| ⑧靈感、符咒學 | 淺野八郎著 | 150元 |
| ⑨紙牌占卜學 | 淺野八郎著 | 150元 |
| ⑩ＥＳＰ超能力占卜 | 淺野八郎著 | 150元 |
| ⑪猶太數的秘術 | 淺野八郎著 | 150元 |
| ⑫新心理測驗 | 淺野八郎著 | 160元 |

## ・趣味心理講座・電腦編號 15

| | | | |
|---|---|---|---|
| ①性格測驗１ | 探索男與女 | 淺野八郎著 | 140元 |
| ②性格測驗２ | 透視人心奧秘 | 淺野八郎著 | 140元 |
| ③性格測驗３ | 發現陌生的自己 | 淺野八郎著 | 140元 |
| ④性格測驗４ | 發現你的真面目 | 淺野八郎著 | 140元 |
| ⑤性格測驗５ | 讓你們吃驚 | 淺野八郎著 | 140元 |
| ⑥性格測驗６ | 洞穿心理盲點 | 淺野八郎著 | 140元 |
| ⑦性格測驗７ | 探索對方心理 | 淺野八郎著 | 140元 |
| ⑧性格測驗８ | 由吃認識自己 | 淺野八郎著 | 140元 |
| ⑨性格測驗９ | 戀愛知多少 | 淺野八郎著 | 140元 |

| | | | |
|---|---|---|---|
| ⑩性格測驗10 | 由裝扮瞭解人心 | 淺野八郎著 | 140元 |
| ⑪性格測驗11 | 敲開內心玄機 | 淺野八郎著 | 140元 |
| ⑫性格測驗12 | 透視你的未來 | 淺野八郎著 | 140元 |
| ⑬血型與你的一生 | | 淺野八郎著 | 140元 |
| ⑭趣味推理遊戲 | | 淺野八郎著 | 160元 |
| ⑮行爲語言解析 | | 淺野八郎著 | 160元 |

## ・婦幼天地・電腦編號16

| | | |
|---|---|---|
| ①八萬人減肥成果 | 黃靜香譯 | 180元 |
| ②三分鐘減肥體操 | 楊鴻儒譯 | 150元 |
| ③窈窕淑女美髮秘訣 | 柯素娥譯 | 130元 |
| ④使妳更迷人 | 成　玉譯 | 130元 |
| ⑤女性的更年期 | 官舒妍編譯 | 160元 |
| ⑥胎內育兒法 | 李玉瓊編譯 | 150元 |
| ⑦早產兒袋鼠式護理 | 唐岱蘭譯 | 200元 |
| ⑧初次懷孕與生產 | 婦幼天地編譯組 | 180元 |
| ⑨初次育兒12個月 | 婦幼天地編譯組 | 180元 |
| ⑩斷乳食與幼兒食 | 婦幼天地編譯組 | 180元 |
| ⑪培養幼兒能力與性向 | 婦幼天地編譯組 | 180元 |
| ⑫培養幼兒創造力的玩具與遊戲 | 婦幼天地編譯組 | 180元 |
| ⑬幼兒的症狀與疾病 | 婦幼天地編譯組 | 180元 |
| ⑭腿部苗條健美法 | 婦幼天地編譯組 | 150元 |
| ⑮女性腰痛別忽視 | 婦幼天地編譯組 | 150元 |
| ⑯舒展身心體操術 | 李玉瓊編譯 | 130元 |
| ⑰三分鐘臉部體操 | 趙薇妮著 | 160元 |
| ⑱生動的笑容表情術 | 趙薇妮著 | 160元 |
| ⑲心曠神怡減肥法 | 川津祐介著 | 130元 |
| ⑳內衣使妳更美麗 | 陳玄茹譯 | 130元 |
| ㉑瑜伽美姿美容 | 黃靜香編著 | 150元 |
| ㉒高雅女性裝扮學 | 陳珮玲譯 | 180元 |
| ㉓蠶糞肌膚美顏法 | 坂梨秀子著 | 160元 |
| ㉔認識妳的身體 | 李玉瓊譯 | 160元 |
| ㉕產後恢復苗條體態 | 居理安・芙萊喬著 | 200元 |
| ㉖正確護髮美容法 | 山崎伊久江著 | 180元 |
| ㉗安琪拉美姿養生學 | 安琪拉蘭斯博瑞著 | 180元 |
| ㉘女體性醫學剖析 | 增田豐著 | 220元 |
| ㉙懷孕與生產剖析 | 岡部綾子著 | 180元 |
| ㉚斷奶後的健康育兒 | 東城百合子著 | 220元 |

## ・青 春 天 地・電腦編號17

| | | |
|---|---|---|
| ①A血型與星座 | 柯素娥編譯 | 120元 |
| ②B血型與星座 | 柯素娥編譯 | 120元 |
| ③O血型與星座 | 柯素娥編譯 | 120元 |
| ④AB血型與星座 | 柯素娥編譯 | 120元 |
| ⑤青春期性教室 | 呂貴嵐編譯 | 130元 |
| ⑥事半功倍讀書法 | 王毅希編譯 | 150元 |
| ⑦難解數學破題 | 宋釗宜編譯 | 130元 |
| ⑧速算解題技巧 | 宋釗宜編譯 | 130元 |
| ⑨小論文寫作秘訣 | 林顯茂編譯 | 120元 |
| ⑪中學生野外遊戲 | 熊谷康編著 | 120元 |
| ⑫恐怖極短篇 | 柯素娥編譯 | 130元 |
| ⑬恐怖夜話 | 小毛驢編譯 | 130元 |
| ⑭恐怖幽默短篇 | 小毛驢編譯 | 120元 |
| ⑮黑色幽默短篇 | 小毛驢編譯 | 120元 |
| ⑯靈異怪談 | 小毛驢編譯 | 130元 |
| ⑰錯覺遊戲 | 小毛驢編譯 | 130元 |
| ⑱整人遊戲 | 小毛驢編著 | 150元 |
| ⑲有趣的超常識 | 柯素娥編譯 | 130元 |
| ⑳哦！原來如此 | 林慶旺編譯 | 130元 |
| ㉑趣味競賽100種 | 劉名揚編譯 | 120元 |
| ㉒數學謎題入門 | 宋釗宜編譯 | 150元 |
| ㉓數學謎題解析 | 宋釗宜編譯 | 150元 |
| ㉔透視男女心理 | 林慶旺編譯 | 120元 |
| ㉕少女情懷的自白 | 李桂蘭編譯 | 120元 |
| ㉖由兄弟姊妹看命運 | 李玉瓊編譯 | 130元 |
| ㉗趣味的科學魔術 | 林慶旺編譯 | 150元 |
| ㉘趣味的心理實驗室 | 李燕玲編譯 | 150元 |
| ㉙愛與性心理測驗 | 小毛驢編譯 | 130元 |
| ㉚刑案推理解謎 | 小毛驢編譯 | 130元 |
| ㉛偵探常識推理 | 小毛驢編譯 | 130元 |
| ㉜偵探常識解謎 | 小毛驢編譯 | 130元 |
| ㉝偵探推理遊戲 | 小毛驢編譯 | 130元 |
| ㉞趣味的超魔術 | 廖玉山編著 | 150元 |
| ㉟趣味的珍奇發明 | 柯素娥編著 | 150元 |
| ㊱登山用具與技巧 | 陳瑞菊編著 | 150元 |

## ・健 康 天 地・電腦編號18

| | | |
|---|---|---|
| ①壓力的預防與治療 | 柯素娥編譯 | 130元 |
| ②超科學氣的魔力 | 柯素娥編譯 | 130元 |
| ③尿療法治病的神奇 | 中尾良一著 | 130元 |
| ④鐵證如山的尿療法奇蹟 | 廖玉山譯 | 120元 |
| ⑤一日斷食健康法 | 葉慈容編譯 | 120元 |
| ⑥胃部強健法 | 陳炳崑譯 | 120元 |
| ⑦癌症早期檢查法 | 廖松濤譯 | 160元 |
| ⑧老人痴呆症防止法 | 柯素娥編譯 | 130元 |
| ⑨松葉汁健康飲料 | 陳麗芬編譯 | 130元 |
| ⑩揉肚臍健康法 | 永井秋夫著 | 150元 |
| ⑪過勞死、猝死的預防 | 卓秀貞編譯 | 130元 |
| ⑫高血壓治療與飲食 | 藤山順豐著 | 150元 |
| ⑬老人看護指南 | 柯素娥編譯 | 150元 |
| ⑭美容外科淺談 | 楊啟宏著 | 150元 |
| ⑮美容外科新境界 | 楊啟宏著 | 150元 |
| ⑯鹽是天然的醫生 | 西英司郎著 | 140元 |
| ⑰年輕十歲不是夢 | 梁瑞麟譯 | 200元 |
| ⑱茶料理治百病 | 桑野和民著 | 180元 |
| ⑲綠茶治病寶典 | 桑野和民著 | 150元 |
| ⑳杜仲茶養顏減肥法 | 西田博著 | 150元 |
| ㉑蜂膠驚人療效 | 瀨長良三郎著 | 150元 |
| ㉒蜂膠治百病 | 瀨長良三郎著 | 180元 |
| ㉓醫藥與生活 | 鄭炳全著 | 180元 |
| ㉔鈣長生寶典 | 落合敏著 | 180元 |
| ㉕大蒜長生寶典 | 木下繁太郎著 | 160元 |
| ㉖居家自我健康檢查 | 石川恭三著 | 160元 |
| ㉗永恒的健康人生 | 李秀鈴譯 | 200元 |
| ㉘大豆卵磷脂長生寶典 | 劉雪卿譯 | 150元 |
| ㉙芳香療法 | 梁艾琳譯 | 160元 |
| ㉚醋長生寶典 | 柯素娥譯 | 180元 |
| ㉛從星座透視健康 | 席拉・吉蒂斯著 | 180元 |
| ㉜愉悅自在保健學 | 野本二士夫著 | 160元 |
| ㉝裸睡健康法 | 丸山淳士等著 | 160元 |
| ㉞糖尿病預防與治療 | 藤田順豐著 | 180元 |
| ㉟維他命長生寶典 | 菅原明子著 | 180元 |
| ㊱維他命C新效果 | 鐘文訓編 | 150元 |
| ㊲手、腳病理按摩 | 堤芳郎著 | 160元 |
| ㊳AIDS瞭解與預防 | 彼得塔歐爾著 | 180元 |
| ㊴甲殼質殼聚糖健康法 | 沈永嘉譯 | 160元 |
| ㊵神經痛預防與治療 | 木下眞男著 | 160元 |
| ㊶室內身體鍛鍊法 | 陳炳崑編著 | 160元 |

| | | |
|---|---|---|
| ㊷吃出健康藥膳 | 劉大器編著 | 180元 |
| ㊸自我指壓術 | 蘇燕謀編著 | 160元 |
| ㊹紅蘿蔔汁斷食療法 | 李玉瓊編著 | 150元 |
| ㊺洗心術健康秘法 | 竺翠萍編譯 | 170元 |
| ㊻枇杷葉健康療法 | 柯素娥編譯 | 180元 |
| ㊼抗衰血癒 | 楊啟宏著 | 180元 |

## •實用女性學講座•電腦編號 19

| | | |
|---|---|---|
| ①解讀女性內心世界 | 島田一男著 | 150元 |
| ②塑造成熟的女性 | 島田一男著 | 150元 |
| ③女性整體裝扮學 | 黃靜香編著 | 180元 |
| ④女性應對禮儀 | 黃靜香編著 | 180元 |

## •校 園 系 列•電腦編號 20

| | | |
|---|---|---|
| ①讀書集中術 | 多湖輝著 | 150元 |
| ②應考的訣竅 | 多湖輝著 | 150元 |
| ③輕鬆讀書贏得聯考 | 多湖輝著 | 150元 |
| ④讀書記憶秘訣 | 多湖輝著 | 150元 |
| ⑤視力恢復！超速讀術 | 江錦雲譯 | 180元 |

## •實用心理學講座•電腦編號 21

| | | |
|---|---|---|
| ①拆穿欺騙伎倆 | 多湖輝著 | 140元 |
| ②創造好構想 | 多湖輝著 | 140元 |
| ③面對面心理術 | 多湖輝著 | 160元 |
| ④僞裝心理術 | 多湖輝著 | 140元 |
| ⑤透視人性弱點 | 多湖輝著 | 140元 |
| ⑥自我表現術 | 多湖輝著 | 150元 |
| ⑦不可思議的人性心理 | 多湖輝著 | 150元 |
| ⑧催眠術入門 | 多湖輝著 | 150元 |
| ⑨責罵部屬的藝術 | 多湖輝著 | 150元 |
| ⑩精神力 | 多湖輝著 | 150元 |
| ⑪厚黑說服術 | 多湖輝著 | 150元 |
| ⑫集中力 | 多湖輝著 | 150元 |
| ⑬構想力 | 多湖輝著 | 150元 |
| ⑭深層心理術 | 多湖輝著 | 160元 |
| ⑮深層語言術 | 多湖輝著 | 160元 |
| ⑯深層說服術 | 多湖輝著 | 180元 |
| ⑰掌握潛在心理 | 多湖輝著 | 160元 |

| | | |
|---|---|---|
| ⑱洞悉心理陷阱 | 多湖輝著 | 180元 |

## •超現實心理講座•電腦編號 22

| | | |
|---|---|---|
| ①超意識覺醒法 | 詹蔚芬編譯 | 130元 |
| ②護摩秘法與人生 | 劉名揚編譯 | 130元 |
| ③秘法！超級仙術入門 | 陸　明譯 | 150元 |
| ④給地球人的訊息 | 柯素娥編著 | 150元 |
| ⑤密教的神通力 | 劉名揚編著 | 130元 |
| ⑥神秘奇妙的世界 | 平川陽一著 | 180元 |
| ⑦地球文明的超革命 | 吳秋嬌譯 | 200元 |
| ⑧力量石的秘密 | 吳秋嬌譯 | 180元 |
| ⑨超能力的靈異世界 | 馬小莉譯 | 200元 |

## •養 生 保 健•電腦編號 23

| | | |
|---|---|---|
| ①醫療養生氣功 | 黃孝寬著 | 250元 |
| ②中國氣功圖譜 | 余功保著 | 230元 |
| ③少林醫療氣功精粹 | 井玉蘭著 | 250元 |
| ④龍形實用氣功 | 吳大才等著 | 220元 |
| ⑤魚戲增視強身氣功 | 宮　嬰著 | 220元 |
| ⑥嚴新氣功 | 前新培金著 | 250元 |
| ⑦道家玄牝氣功 | 張　章著 | 200元 |
| ⑧仙家秘傳袪病功 | 李遠國著 | 160元 |
| ⑨少林十大健身功 | 秦慶豐著 | 180元 |
| ⑩中國自控氣功 | 張明武著 | 250元 |
| ⑪醫療防癌氣功 | 黃孝寬著 | 250元 |
| ⑫醫療強身氣功 | 黃孝寬著 | 250元 |
| ⑬醫療點穴氣功 | 黃孝寬著 | 220元 |
| ⑭中國八卦如意功 | 趙維漢著 | 180元 |
| ⑮正宗馬禮堂養氣功 | 馬禮堂著 | 420元 |

## •社會人智囊•電腦編號 24

| | | |
|---|---|---|
| ①糾紛談判術 | 清水增三著 | 160元 |
| ②創造關鍵術 | 淺野八郎著 | 150元 |
| ③觀人術 | 淺野八郎著 | 180元 |
| ④應急詭辯術 | 廖英迪編著 | 160元 |
| ⑤天才家學習術 | 木原武一著 | 160元 |
| ⑥猫型狗式鑑人術 | 淺野八郎著 | 180元 |
| ⑦逆轉運掌握術 | 淺野八郎著 | 180元 |

⑧人際圓融術　澀谷昌三著　160元
⑨解讀人心術　淺野八郎著　180元
⑩與上司水乳交融術　秋元隆司著　180元

## •精 選 系 列•電腦編號 25

①毛澤東與鄧小平　渡邊利夫等著　280元
②中國大崩裂　江戶介雄著　180元
③台灣•亞洲奇蹟　上村幸治著　220元
④7-ELEVEN高盈收策略　國友隆一著　180元
⑤台灣獨立　森　詠著　200元
⑥迷失中國的末路　江戶雄介著　220元
⑦2000年5月全世界毀滅　紫藤甲子男著　180元

## •運 動 遊 戲•電腦編號 26

①雙人運動　李玉瓊譯　160元
②愉快的跳繩運動　廖玉山譯　180元
③運動會項目精選　王佑京譯　150元
④肋木運動　廖玉山譯　150元
⑤測力運動　王佑宗譯　150元

## •銀髮族智慧學•電腦編號 28

①銀髮六十樂逍遙　多湖輝著　170元
②人生六十反年輕　多湖輝著　170元

## •心 靈 雅 集•電腦編號 00

①禪言佛語看人生　松濤弘道著　180元
②禪密教的奧秘　葉逯謙譯　120元
③觀音大法力　田口日勝著　120元
④觀音法力的大功德　田口日勝著　120元
⑤達摩禪106智慧　劉華亭編譯　150元
⑥有趣的佛教研究　葉逯謙編譯　120元
⑦夢的開運法　蕭京凌譯　130元
⑧禪學智慧　柯素娥編譯　130元
⑨女性佛教入門　許俐萍譯　110元
⑩佛像小百科　心靈雅集編譯組　130元
⑪佛教小百科趣談　心靈雅集編譯組　120元
⑫佛教小百科漫談　心靈雅集編譯組　150元

| | | |
|---|---|---|
| ⑬佛教知識小百科 | 心靈雅集編譯組 | 150元 |
| ⑭佛學名言智慧 | 松濤弘道著 | 220元 |
| ⑮釋迦名言智慧 | 松濤弘道著 | 220元 |
| ⑯活人禪 | 平田精耕著 | 120元 |
| ⑰坐禪入門 | 柯素娥編譯 | 120元 |
| ⑱現代禪悟 | 柯素娥編譯 | 130元 |
| ⑲道元禪師語錄 | 心靈雅集編譯組 | 130元 |
| ⑳佛學經典指南 | 心靈雅集編譯組 | 130元 |
| ㉑何謂「生」　阿含經 | 心靈雅集編譯組 | 150元 |
| ㉒一切皆空　般若心經 | 心靈雅集編譯組 | 150元 |
| ㉓超越迷惘　法句經 | 心靈雅集編譯組 | 130元 |
| ㉔開拓宇宙觀　華嚴經 | 心靈雅集編譯組 | 130元 |
| ㉕真實之道　法華經 | 心靈雅集編譯組 | 130元 |
| ㉖自由自在　涅槃經 | 心靈雅集編譯組 | 130元 |
| ㉗沈默的教示　維摩經 | 心靈雅集編譯組 | 150元 |
| ㉘開通心眼　佛語佛戒 | 心靈雅集編譯組 | 130元 |
| ㉙揭秘寶庫　密教經典 | 心靈雅集編譯組 | 130元 |
| ㉚坐禪與養生 | 廖松濤譯 | 110元 |
| ㉛釋尊十戒 | 柯素娥編譯 | 120元 |
| ㉜佛法與神通 | 劉欣如編著 | 120元 |
| ㉝悟（正法眼藏的世界） | 柯素娥編譯 | 120元 |
| ㉞只管打坐 | 劉欣如編著 | 120元 |
| ㉟喬答摩・佛陀傳 | 劉欣如編著 | 120元 |
| ㊱唐玄奘留學記 | 劉欣如編著 | 120元 |
| ㊲佛教的人生觀 | 劉欣如編譯 | 110元 |
| ㊳無門關（上卷） | 心靈雅集編譯組 | 150元 |
| ㊴無門關（下卷） | 心靈雅集編譯組 | 150元 |
| ㊵業的思想 | 劉欣如編著 | 130元 |
| ㊶佛法難學嗎 | 劉欣如著 | 140元 |
| ㊷佛法實用嗎 | 劉欣如著 | 140元 |
| ㊸佛法殊勝嗎 | 劉欣如著 | 140元 |
| ㊹因果報應法則 | 李常傳編 | 140元 |
| ㊺佛教醫學的奧秘 | 劉欣如編著 | 150元 |
| ㊻紅塵絕唱 | 海　若著 | 130元 |
| ㊼佛教生活風情 | 洪丕謨、姜玉珍著 | 220元 |
| ㊽行住坐臥有佛法 | 劉欣如著 | 160元 |
| ㊾起心動念是佛法 | 劉欣如著 | 160元 |
| ㊿四字禪語 | 曹洞宗青年會 | 200元 |
| 51妙法蓮華經 | 劉欣如編著 | 160元 |

| | | |
|---|---|---|
| ㊷根本佛教與大乘佛教 | 葉作森編 | 元 |

## ‧經營管理‧電腦編號01

| | | |
|---|---|---|
| ◎創新經營管理六十六大計（精） | 蔡弘文編 | 780元 |
| ①如何獲取生意情報 | 蘇燕謀譯 | 110元 |
| ②經濟常識問答 | 蘇燕謀譯 | 130元 |
| ③股票致富68秘訣 | 簡文祥譯 | 200元 |
| ④台灣商戰風雲錄 | 陳中雄著 | 120元 |
| ⑤推銷大王秘錄 | 原一平著 | 180元 |
| ⑥新創意‧賺大錢 | 王家成譯 | 90元 |
| ⑦工廠管理新手法 | 琪　輝著 | 120元 |
| ⑧奇蹟推銷術 | 蘇燕謀譯 | 100元 |
| ⑨經營參謀 | 柯順隆譯 | 120元 |
| ⑩美國實業24小時 | 柯順隆譯 | 80元 |
| ⑪撼動人心的推銷法 | 原一平著 | 150元 |
| ⑫高竿經營法 | 蔡弘文編 | 120元 |
| ⑬如何掌握顧客 | 柯順隆譯 | 150元 |
| ⑭一等一賺錢策略 | 蔡弘文編 | 120元 |
| ⑯成功經營妙方 | 鐘文訓著 | 120元 |
| ⑰一流的管理 | 蔡弘文編 | 150元 |
| ⑱外國人看中韓經濟 | 劉華亭譯 | 150元 |
| ⑲企業不良幹部群相 | 琪輝編著 | 120元 |
| ⑳突破商場人際學 | 林振輝編著 | 90元 |
| ㉑無中生有術 | 琪輝編著 | 140元 |
| ㉒如何使女人打開錢包 | 林振輝編著 | 100元 |
| ㉓操縱上司術 | 邑井操著 | 90元 |
| ㉔小公司經營策略 | 王嘉誠著 | 160元 |
| ㉕成功的會議技巧 | 鐘文訓編譯 | 100元 |
| ㉖新時代老闆學 | 黃柏松編著 | 100元 |
| ㉗如何創造商場智囊團 | 林振輝編譯 | 150元 |
| ㉘十分鐘推銷術 | 林振輝編譯 | 180元 |
| ㉙五分鐘育才 | 黃柏松編譯 | 100元 |
| ㉚成功商場戰術 | 陸明編譯 | 100元 |
| ㉛商場談話技巧 | 劉華亭編譯 | 120元 |
| ㉜企業帝王學 | 鐘文訓譯 | 90元 |
| ㉝自我經濟學 | 廖松濤編譯 | 100元 |
| ㉞一流的經營 | 陶田生編著 | 120元 |
| ㉟女性職員管理術 | 王昭國編譯 | 120元 |
| ㊱ＩＢＭ的人事管理 | 鐘文訓編譯 | 150元 |
| ㊲現代電腦常識 | 王昭國編譯 | 150元 |

| | | |
|---|---|---|
| ㊳電腦管理的危機 | 鐘文訓編譯 | 120元 |
| ㊴如何發揮廣告效果 | 王昭國編譯 | 150元 |
| ㊵最新管理技巧 | 王昭國編譯 | 150元 |
| ㊶一流推銷術 | 廖松濤編譯 | 150元 |
| ㊷包裝與促銷技巧 | 王昭國編譯 | 130元 |
| ㊸企業王國指揮塔 | 松下幸之助著 | 120元 |
| ㊹企業精銳兵團 | 松下幸之助著 | 120元 |
| ㊺企業人事管理 | 松下幸之助著 | 100元 |
| ㊻華僑經商致富術 | 廖松濤編譯 | 130元 |
| ㊼豐田式銷售技巧 | 廖松濤編譯 | 180元 |
| ㊽如何掌握銷售技巧 | 王昭國編著 | 130元 |
| ㊿洞燭機先的經營 | 鐘文訓編譯 | 150元 |
| 52新世紀的服務業 | 鐘文訓編譯 | 100元 |
| 53成功的領導者 | 廖松濤編譯 | 120元 |
| 54女推銷員成功術 | 李玉瓊編譯 | 130元 |
| 55ＩＢＭ人才培育術 | 鐘文訓編譯 | 100元 |
| 56企業人自我突破法 | 黃琪輝編著 | 150元 |
| 58財富開發術 | 蔡弘文編著 | 130元 |
| 59成功的店舖設計 | 鐘文訓編著 | 150元 |
| 61企管回春法 | 蔡弘文編著 | 130元 |
| 62小企業經營指南 | 鐘文訓編譯 | 100元 |
| 63商場致勝名言 | 鐘文訓編譯 | 150元 |
| 64迎接商業新時代 | 廖松濤編譯 | 100元 |
| 66新手股票投資入門 | 何朝乾　編 | 180元 |
| 67上揚股與下跌股 | 何朝乾編譯 | 180元 |
| 68股票速成學 | 何朝乾編譯 | 180元 |
| 69理財與股票投資策略 | 黃俊豪編著 | 180元 |
| 70黃金投資策略 | 黃俊豪編著 | 180元 |
| 71厚黑管理學 | 廖松濤編譯 | 180元 |
| 72股市致勝格言 | 呂梅莎編譯 | 180元 |
| 73透視西武集團 | 林谷燁編譯 | 150元 |
| 76巡迴行銷術 | 陳蒼杰譯 | 150元 |
| 77推銷的魔術 | 王嘉誠譯 | 120元 |
| 7860秒指導部屬 | 周蓮芬編譯 | 150元 |
| 79精銳女推銷員特訓 | 李玉瓊編譯 | 130元 |
| 80企劃、提案、報告圖表的技巧 | 鄭　汶　譯 | 180元 |
| 81海外不動產投資 | 許達守編譯 | 150元 |
| 82八百件的世界策略 | 李玉瓊譯 | 150元 |
| 83服務業品質管理 | 吳宜芬譯 | 180元 |
| 84零庫存銷售 | 黃東謙編譯 | 150元 |
| 85三分鐘推銷管理 | 劉名揚編譯 | 150元 |

| | | |
|---|---|---|
| ㊇推銷大王奮鬥史 | 原一平著 | 150元 |
| ㊈豐田汽車的生產管理 | 林谷燁編譯 | 150元 |

## ・成功寶庫・電腦編號 02

| | | |
|---|---|---|
| ①上班族交際術 | 江森滋著 | 100元 |
| ②拍馬屁訣竅 | 廖玉山編譯 | 110元 |
| ④聽話的藝術 | 歐陽輝編譯 | 110元 |
| ⑨求職轉業成功術 | 陳 義編著 | 110元 |
| ⑩上班族禮儀 | 廖玉山編著 | 120元 |
| ⑪接近心理學 | 李玉瓊編著 | 100元 |
| ⑫創造自信的新人生 | 廖松濤編著 | 120元 |
| ⑭上班族如何出人頭地 | 廖松濤編著 | 100元 |
| ⑮神奇瞬間瞑想法 | 廖松濤編譯 | 100元 |
| ⑯人生成功之鑰 | 楊意苓編著 | 150元 |
| ⑲給企業人的諍言 | 鐘文訓編著 | 120元 |
| ⑳企業家自律訓練法 | 陳 義編譯 | 100元 |
| ㉑上班族妖怪學 | 廖松濤編著 | 100元 |
| ㉒猶太人縱橫世界的奇蹟 | 孟佑政編著 | 110元 |
| ㉓訪問推銷術 | 黃靜香編著 | 130元 |
| ㉕你是上班族中強者 | 嚴思圖編著 | 100元 |
| ㉖向失敗挑戰 | 黃靜香編著 | 100元 |
| ㉙機智應對術 | 李玉瓊編著 | 130元 |
| ㉚成功頓悟100則 | 蕭京凌編譯 | 130元 |
| ㉛掌握好運100則 | 蕭京凌編譯 | 110元 |
| ㉜知性幽默 | 李玉瓊編譯 | 130元 |
| ㉝熟記對方絕招 | 黃靜香編譯 | 100元 |
| ㉞男性成功秘訣 | 陳蒼杰編譯 | 130元 |
| ㊱業務員成功秘方 | 李玉瓊編著 | 120元 |
| ㊲察言觀色的技巧 | 劉華亭編著 | 130元 |
| ㊳一流領導力 | 施義彥編譯 | 120元 |
| ㊴一流說服力 | 李玉瓊編著 | 130元 |
| ㊵30秒鐘推銷術 | 廖松濤編譯 | 150元 |
| ㊶猶太成功商法 | 周蓮芬編譯 | 120元 |
| ㊷尖端時代行銷策略 | 陳蒼杰編著 | 100元 |
| ㊸顧客管理學 | 廖松濤編著 | 100元 |
| ㊹如何使對方說Yes | 程 羲編著 | 150元 |
| ㊺如何提高工作效率 | 劉華亭編著 | 150元 |
| ㊼上班族口才學 | 楊鴻儒譯 | 120元 |
| ㊽上班族新鮮人須知 | 程 羲編著 | 120元 |
| ㊾如何左右逢源 | 程 羲編著 | 130元 |

國家圖書館出版品預行編目資料

人生六十反年輕/多湖輝著；林曉鐘譯
— 初版，— 臺北市，大展，民85
面；　公分，—（銀髮族智慧學；2）
譯自：當年とつて六十歲
ISBN 957-557-590-3（平裝）
1.修身

192.14　　85002254

原書名：當年とつて六十歲
原著作者：多湖輝　©Akira Tago 1993
原出版社：株式會社　ごま書房
版權仲介：宏儒企業有限公司



# 人生六十反年輕

ISBN 957-557-590-3

原著者/多　湖　輝
編譯者/林　曉　鐘
發行人/蔡　森　明
出版者/大展出版社有限公司
社　址/台北市北投區（石牌）
致遠一路2段12巷1號
電　話/（02）8236031・8236033
傳　真/（02）8272069
郵政劃撥/0166955-1
登記證/局版臺業字第2171號
承印者/高星企業有限公司
裝　訂/日新裝訂所
排版者/宏益電腦排版有限公司
電　話/（02）5611592
初　版/1996年（民85年）4月
定　價/170元

大展好書 好書大展

大展好書 好書大展